www.tredition.de

AF196022

Widmung

Mein Dank gilt meinem Lieblingslektor und Ehemann (seit über 40 Jahren). Er hat es wieder geschafft, ein Buch ins richtige Format zu bringen, war im Internet auf der Jagd nach brauchbarem Bildmaterial und hat gnadenlos Grammatikfehler getilgt.

Silvia Dörfle

Zwischen Klapperschlangen und Indianern

Drei Offiziersfrauen im wilden Westen

© 2021 Silvia Dörfle
Lektorat, Korrektorat: Michael Dörfle
Editiert und übersetzt: Silvia Dörfle

Verlag & Druck: tredition GmbH, Halenreie 40-44, 22359 Hamburg

ISBN
Paperback   978-3-347-24538-9
e-Book   978-3-347-24539-6

Bibliografische Information der Deutschen Nationalbibliothek:

Die Deutsche Nationalbibliothek verzeichnet diese Publikation in der Deutschen Nationalbibliografie; detaillierte bibliografische Daten sind im Internet über http://dnb.d-nb.de abrufbar.

Abb.1 Ambulanzwagen gezogen von 6 Mulis

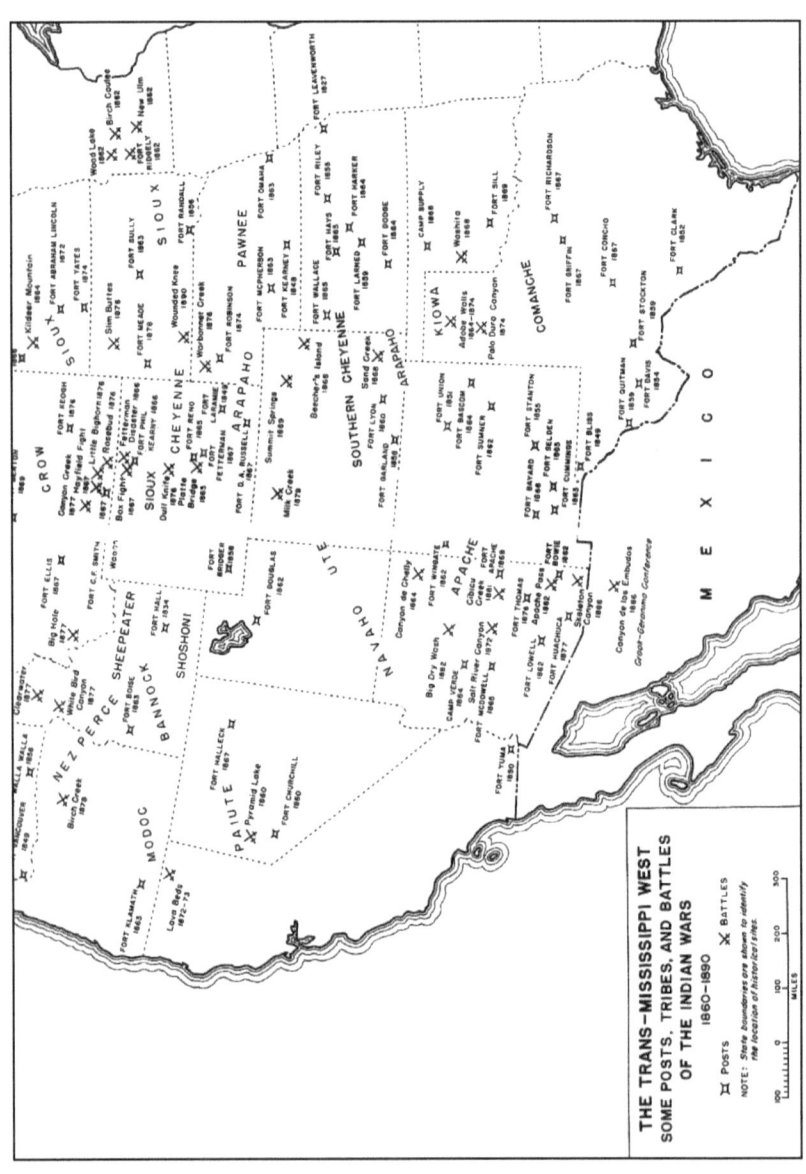

Abb.2 Karte der Forts während der Indianerkriege

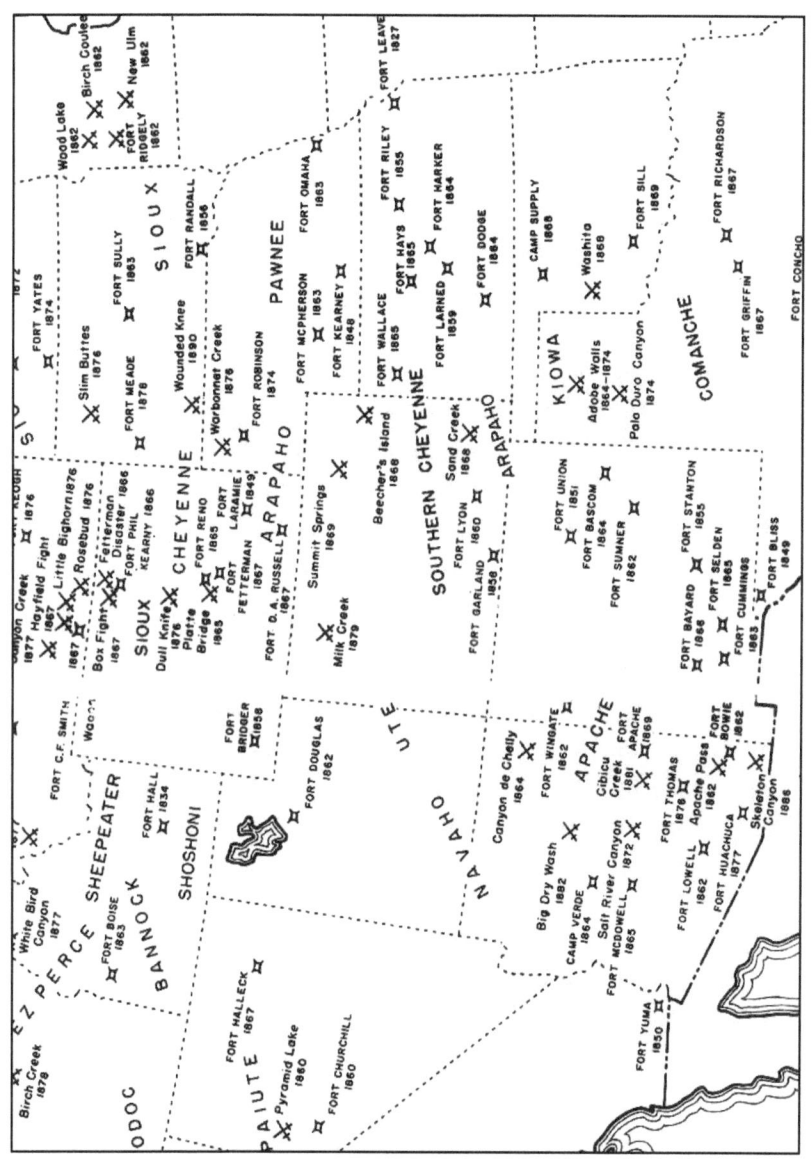

Abb.3 Forts im Südwesten

Inhaltsverzeichnis

Vorwort 11

Frances Anne Boyd (1848 - 1926) 15

Schon zwei Tage nach unserer Hochzeit 17

Sobald ich den Mut aufbrachte, mich umzusehen, ... 23

Mutter und Kind wohlauf 32

In Fort Mojave 38

Nach zehn Tagen 42

Lange bevor sich der erste Sonnenstrahl zeigte, ... 45

Fort Stanton 49

Meiner Gesundheit wegen, ... 52

Mit großer Freude 56

Fort Bayard 59

Nach drei glücklichen Jahren 63

Martha Summerhayes (1846 - 1911) 68

Glänzendes Elend 70

Willkommen im Regiment 73

Töpfe und Pfannen 76

Die Newbern war berüchtigt 81

Im Sumpf 85

Ist das wirklich Ehrenberg? 89

Du brauchst doch keine Eier, Mattie 92

Ein Berg namens Bill Williams 96

Im Land der Apachen 100

Camp Apache 104

Was war in der Kiste, Jack? 109

Ein neuer Rekrut 116

Eine unvergessliche Reise 119

Colorado Chiquito 122

Ehrenberg 126

Leben in Ehrenberg 130

Jacks Schwefelbad 133

Der Friedhof von Ehrenberg 137

Frances M. A. Roe (1846 - 1920) 141

Kit Carson, Colorado, Oktober 1871 (1. Brief) 143

Fort Lyon, Colorado, Oktober 1871 (2. Brief) 144

Fort Lyon, Oktober 1871 (3. Brief) 148

Fort Lyon, November 1871 (4. Brief) 151

Fort Lyon, Dezember 1871 (5. Brief) 155

Fort Lyon, Januar 1872 (6. Brief) 158

Fort Lyon, April 1872 (7. Brief) 161

Camp Supply, Juni 1872 (8. Brief) 166

Camp Supply, Juni 1872 (9. Brief) 169

Camp Supply, September 1872 (1o. Brief) 172

Camp Supply, Oktober 1872 (11. Brief) 175

Camp Supply, Januar 1873 (12. Brief) 178

Redoute, Februar 1873 (13. Brief) 181

Camp Supply, Februar 1873 (14. Brief) 184

Dodge City, Kansas, Juni 1873 (15. Brief) 187

Fort Lyon, Oktober 1873 (16. Brief) 190

Bildnachweis 194

Bibliographie 196

Vorwort

Man kennt die Szene aus alten Western: die Postkutsche ist von blutrünstigen, Tomahawks schwingenden Indianern umzingelt; die Lage erscheint aussichtslos; gleich werden die Insassen massakriert und skalpiert. In diesem Moment ertönt das Trompetensignal zum Angriff; die Kavallerie stürmt heran; in Nullkommanichts ist den roten Halunken das mörderische Handwerk gelegt. Zurück im Fort werden die Helden gebührend empfangen. Für irgendeinen tapferen, jungen Leutnant und seine Auserwählte gibt es ein Happy End. Die junge Lady gehört von da ab zur Armee und trägt nur noch ein blaues Käppi zur damenhaften Fantasieuniform.

Leider war das Leben für die sogenannten *Army Girls* im Wilden Westen nicht annähernd so attraktiv wie viele Jahre später in Hollywoodfilmen dargestellt. Die Wirklichkeit sah eher so aus: gebildetes junges Mädchen aus begütertem Elternhaus verliebt sich auf einem Offiziersball in einen jungen Mann, der in seiner Galauniform blendend aussieht. Sie weiß, dass er bald die Order erhalten wird, sich in einem Fort in Texas, Arizona oder Nevada zu melden. Gegen den heftigen Widerstand der Eltern und taub gegenüber allen Warnungen setzt sie eine Heirat durch. Will sie ihren Ehemann nicht nur alle paar Jahre einmal sehen, muss sie ihm in eine Region im Westen folgen, die in der Regel noch auf keiner Karte erfasst ist. Nach langer strapaziöser Abenteuerfahrt kommt sie dort an, sieht ringsum nur trostlose Prärie und würde am liebsten gleich wieder umkehren. Ihr frischgebackener Ehemann, ein zweiter Leutnant mit gerade erworbenem Offizierspatent, steht auf der Karriereleiter der Army ganz unten. Das gilt auch für seine junge Frau, die recht schnell merkt, dass in der Hackordnung der Offiziersfrauen weder Abstammung noch Reichtum zählen. Ausschlaggebend ist nur der Rang des Ehemanns. Zuhause lebte sie selbstverständlich in einem großen Anwesen, mit dienstbaren Geistern für alles und jedes. Jetzt erwartet sie eine Bleibe, die man im Osten nicht einmal den Hühnern zugemutet hätte: eine armselige Blockhütte, ein löchriges *Adobe Casa* (das auch Klapperschlangen, Skorpionen und Tausendfüßlern Unterschlupf bietet), ein Kampierzelt oder gar ein Erdloch. In New York hatten die Pferde ihres Vaters ein besseres Dach über dem Kopf, selbst die Kartoffeln waren vermutlich im heimischen Keller besser untergebracht als eine bis dato nach Strich und Faden verwöhnte junge Dame im amerikanischen Grenzland.

Vor dem amerikanischen Bürgerkrieg lebten schätzungsweise zwei Millionen Menschen im Westen. Nach 1865 drängten immer mehr weiße Siedler, Rancher, Farmer, Goldsucher, Abenteurer und Halunken jeder Art in die westlichen Territorien. Hier fand man nicht nur Gold und Silber, sondern vor allem Acker- und Weideland, das vermeintlich niemandem gehörte. Ohne jede Rücksicht auf die Rothäute (egal ob den Bleichgesichtern freundlich oder feindlich gesonnen) baute man zahlreiche Eisenbahnstrecken mitten durch ihre Jagdgebiete. In wenigen Jahren erlegten weiße Büffeljäger um die 13 Millionen Büffel. Damit vernichtete man ganz gezielt die Lebensgrundlage der Indianer. Politische Strategen und Indianerhasser vom Schlage eines General Sheridan, für den bekanntlich nur ein toter Indianer ein guter Indianer war, hatten rasch erkannt: mit der Ausrottung der Büffel bekam man auch das ‚Indianerproblem' in wenigen Jahren in den Griff.

Bereits 1866 sorgte jeder Indianerüberfall auf die Eisenbahn, eine Postkutsche, Farm, Ranch oder Rinderherde für reißerische Berichte in den Zeitungen. Der Ruf nach Schutz durch die Army wurde immer lauter. Das Kriegsministerium reagierte und schickte vor allem junge Offiziere ins Grenzland. Ihnen gab man noch den guten Rat, sich möglichst schnell zu verheiraten, da man sich davon die Wahrung viktorianischer Moral erhoffte. So mancher frisch verheiratete Leutnant stellte jedoch fest: die Army hatte eine Ehefrau überhaupt nicht mit einkalkuliert. Der Hungerlohn, den man einem Leutnant zahlte, reichte kaum für eine Person. Eine Offiziersfrau lernte rasch, dass sie immer an zweiter Stelle stand. Ihr Ehemann war Soldat, daher in erster Linie mit der Army verheiratet. Das bedeutete, dass er aus dem Haus stürmen und sich bei seiner Kavallerietruppe zu melden hatte, sobald der Trompeter *Boots and Saddles* blies. Wurde die *Long Roll* getrommelt, galt dasselbe für den Infanterieoffizier. Das berühmteste *Army Girl*, Libby Custer, erzählt in einem ihrer Bücher, wie gut beschützt sie sich fühlte, da ein paar Infanteristen mit schussbereitem Repetiergewehr über die Garnison wachten. Als sich Libby bei den Soldaten überschwänglich für den Schutz bedankte, erfuhr sie, dass der Befehl einzig und allein lautete, die Armeegüter zu bewachen. Der Schutz von Offiziersfrauen gehörte eindeutig nicht in diese Kategorie. Ein alter Junggeselle fügte auch noch recht uncharmant hinzu, dass er die Ehefrauen im Fort sowieso nur als Plage ansah.

Nach der nächsten Klapperschlange musste man im Westen nicht lange suchen. Es gab sie überall, nicht nur auf der Prärie, sondern auch dort, wo man sie nicht unbedingt erwartet hätte. Sie lagen zusammengerollt in Stiefeln, hielten Siesta auf dem Bett, ringelten sich das Ofenrohr herunter oder kamen am ersten lauen Frühlingstag als unerwünschter Überraschungsgast unter morschen Dielen hervor. Katie Gibson erzählt solch eine Episode, die damit endete, dass eine gesamte Klapperschlangenfamilie (die riesige Mutter samt gerade geschlüpftem Nachwuchs) durch die resolute schwarze Köchin eingefangen als Suppeneinlage endete. Vermutlich stellte der Mensch für die Klapperschlange die größere Gefahr dar. Noch unangenehmer als Schlangen, Skorpione oder Ungeziefer jeder Art war die übermäßige Hitze oder Kälte. Auch zerstörten Alkali, Sandstürme und die pralle Sonne im Nu den Porzellanteint, den jede viktorianische Lady hegte und pflegte. Hitze, Sonne, Sand und Schlamm machten auch kurzen Prozess mit ladylikem Aussehen. In den ersten Wochen in einem Fort verschwanden Korsetts, Mieder, Reifröcke und ähnlicher Firlefanz an unpraktischer Kleidung ganz schnell in einer der riesigen Armeekisten. Modische Schühchen wichen derben Stiefeln und auf den langen Überlandfahrten blitzten bei so manchem Army Girl unter langen Röcken die berüchtigten *Bloomers* (eine Art Knickerbockers) hervor. Auch der allerneueste Trend aus dem Osten für die Dame von Welt - stilvoll in Ohnmacht fallen - hielt sich im Westen nicht allzu lange.

So manche Offiziersfrau kehrte erst nach vielen Jahren wieder in den Osten zurück. Braungebrannt wie eine Mexikanerin, mit wettergegerbtem Gesicht und in höchst altbackener Kleidung war sie der Verwandtschaft etwas peinlich. Vor allem, wenn sie womöglich auch noch radikale Ideen äußerte (Stichwort Frauenwahlrecht). Sie hatte, oft ohne jede männliche Hilfe, die unterschiedlichsten Gefahren überlebt. Jetzt ließ sie sich nicht mehr so leicht ins enge Korsett viktorianischer Moral zwängen. Oder sie rauchte, wie Martha Summerhayes, mexikanische Zigaretten und machte auch keinen Hehl daraus, dass sie einen guten Tropfen zu schätzen wusste. Marthas Tante war jedenfalls peinlich berührt. Was hatte das Leben im Westen nur aus ihrer puritanisch erzogenen Nichte gemacht?

***

Eines der vielen spannend geschriebenen Bücher von Dee Brown heißt *Pulverdampf war ihr Parfüm*. Den Army Girls widmet er darin ein ganzes Kapital. Liest man dieses Buch, wird einem schnell klar, dass es nur wenige (weiße) Frauen im wilden Westen gab, die über ihr Leben ausführlich berichteten. Die Ehefrau eines einfachen Soldaten, die meist für die Army als Wäscherin oder Köchin arbeitete, die Frau eines Farmers oder Ranchers, aber auch die leichtbekleidete Entertainerin im Saloon war zwar meist recht geschäftstüchtig, vermochte aber kaum mehr als den eigenen Namen zu kritzeln. Die drei Army Girls in diesem Buch schrieben Tagebücher oder Memoiren und schickten hunderte von Briefen nach Hause. Diese Briefe bilden die Grundlage für die folgenden Erzählungen. Obwohl die drei Ladies im Grunde fast das Gleiche erlebten, reagierten sie höchst unterschiedlich auf die Herausforderungen, die ihnen das raue Leben im Westen abverlangten. In jedem Fall erzählten sie weitaus authentischer als die berühmte Libby Custer, die zwar amüsant zu schreiben wusste, beim Leser aber den Eindruck erweckte, das Leben in der Army bestehe vor allem aus fröhlichen Jagdausflügen und höchst ausgelassenen Partys.

Frances Anne Boyd (1848 - 1926)

F rances Anne Boyd macht zu ihrer eigenen Person kaum Angaben. In ihren Reminiszenzen findet man noch nicht einmal die Namen ihrer drei Kinder. Gleich im Anschluss an ihre Schulzeit heiratet sie mit 19 Jahren den zweiten Leutnant der achten Kavallerie, Orsemus Boyd. Nach der Hochzeit spricht sie von ihm nur noch als Mr. Boyd – durchaus typisch für die damalige Zeit. Ihr Ehemann ist 23 Jahre alt, aber bereits seit insgesamt acht Jahren Soldat (vier Jahre Bürgerkrieg, danach weitere vier Jahre Ausbildung zum Offizier in West Point). Nach achtzehn Jahren in der Kavallerie stirbt er in Mexiko während eines Scouteinsatzes gegen die Apachen. Seine Soldaten begraben ihn in der Prärie. Nach langem, erbittertem Tauziehen mit dem Kriegsministerium, erreicht seine Witwe schließlich, dass er exhumiert und im Soldatenfriedhof von San Antonio beerdigt wird.

Fast 3o Jahre nach dem Tod ihres Mannes veröffentlicht Mrs. Boyd ein Buch mit dem nüchternen Titel: *Cavalry Life in Field and Tent*, das kaum Beachtung findet. Erst in den 1980er Jahren wird es wiederentdeckt und gehört seither zu den meistzitierten Büchern, wenn es um Frauen im ‚wilden Westen' geht. Lässt man einen Teil ihrer vielen Klagen über die Ungerechtigkeiten in der Indianerarmee weg und modernisiert die oft langatmige Erzählweise des 19. Jahrhunderts, dann hat Mrs. Boyd doch einiges Interessante zu berichten. Die folgende Geschichte erzählt von einer sehr jungen Frau, die sich in West Point verliebt und ihrem Kavallerieoffizier in den Westen folgt - völlig unvorbereitet auf das Leben in der Armee.

Abb.4 Frances A. Boyd

Schon zwei Tage nach unserer Hochzeit

erreichte meinen Ehemann, Mr. Boyd, der Befehl, sich umgehend in San Francisco zu melden. Ich selbst hatte bis dahin nur in New York gelebt, das ich für den einzig bewohnbaren Ort auf Erden hielt. San Francisco erschien mir dagegen genauso weit entfernt wie China. Wohin man ihn letztlich schicken würde - ob nach Nevada, Arizona oder Kalifornien - war zu diesem Zeitpunkt noch völlig unklar. Mr. Boyd hielt es daher für klüger, dass ich vorerst noch in New

Abb.5 Camp Halleck

York bliebe. Knapp drei Monate später erreichte mich ein Brief, in dem er mir mitteilte, er sei inzwischen in *Camp Halleck*, im östlichsten Teil von Nevada, stationiert. Die Kavallerie sollte dort die Vermessungstrupps der Eisenbahn vor Indianerangriffen schützen. Auf seine vage Andeutung hin, ich könne ihm doch zumindest bis San Francisco folgen, fing ich sofort an zu packen.

Zum Zeitpunkt meiner Reise, Mitte Januar 1868, gab es noch keine transkontinentale Eisenbahn. Für die erste Etappe ging ich daher an Bord eines Dampfschiffs. Innerhalb der nächsten drei Wochen verschlug es mich vom trübkalten New Yorker Winter in die tropische Hitze des Isthmus von Panama und danach in die mildwarme Luft des Pazifischen Ozeans. Bis dahin erschien mir das Reisen als ein ständiges und köstliches Vergnügen.

Kaum in San Francisco gelandet plante ich sofort meine Weiterfahrt. Freunde rieten mir entschieden ab. Die Sierra Nevada sei um diese Jahreszeit völlig unpassierbar, behaupteten sie und prophezeiten mir alle möglichen Schwierigkeiten. Abschrecken ließ ich mich davon nicht. Fest entschlossen, es doch wenigstens zu versuchen, nahm ich den Dampfer nach Sacramento und fuhr von dort aus bis zum Endpunkt der Eisenbahn, der damals in der Nähe von Cisco am Fuße der Sierra lag. Danach ging es durch heftiges Schneegestöber im Schlitten weiter, bis ich zuletzt in die reguläre Postkutsche stieg.

Dieses riesige Vehikel vermittelte mir zunächst den Eindruck von Bequemlichkeit. Ich fand jedoch bald heraus, dass diese altmodischen Postkutschen dafür gedacht sind, innen wohl gefüllt und außen gut bepackt zu sein. Wir waren jedoch nur zu zweit, eine andere junge Dame und ich. Obwohl wir Cisco bereits zur Mittagszeit verlassen hatten, erreichten wir Virginia City, auf der anderen Seite der Sierra, erst am nächsten Morgen gegen zehn. So lange das Tageslicht anhielt, blickten wir auf die großartige Bergwelt, mit ihren felsigen Gipfeln und abgrundtiefen Schluchten, in die wir schaudernd hinab starrten. Unsere Furcht ließ uns die erhabene Szenerie nicht so recht würdigen. Auch kostete es uns jede erdenkliche Mühe, nicht wie zwei Bälle auf- und abzuhüpfen. Die gesamte Nacht verbrachten wir damit, entweder die Füße gegen die Wand zu stemmen oder jeden erreichbaren Griff fest zu umklammern. Trotz all dieser Kraftanstrengungen blieben wir von blauen Flecken und Beulen keineswegs verschont. Auch spürten wir am nächsten Morgen schmerzhaft jeden einzelnen Muskel.

Nach einem eiligen Frühstück in Virginia City wartete in der Postkutsche eine Überraschung auf uns: sie war bereits voll besetzt. Als wir beide uns noch hineinzwängten, blieb zwischen den Passagieren kein Millimeter mehr frei. In den nächsten fünf Tagen und Nächten gelang es uns nicht einmal mehr, die Füße zu bewegen, es sei denn, wir baten unser *vis-a-vis*, gleichzeitig dasselbe zu tun. Unsere Mitpassagiere zeigten sich rührend bemüht, uns die Fahrt so erträglich wie möglich zu machen. Zu rauen Gesellen dieser Art hätte ich mich in New York um nichts in der Welt in die Kutsche gesetzt. Hier im Westen sind Frauen jedoch solch eine Seltenheit, dass sich auch das wildeste Exemplar des Grenzlands ihnen gegenüber wie ein Kavalier benimmt.

Während der nächsten Tage zeigte uns der trostlose Blick aus dem Fenster nichts als niedriges Strauchwerk. Es handelte sich dabei vorwiegend um den schmutzig braunen Salbei und den etwas dunkleren *Greasewood*, den man erst am Lagerfeuer zu schätzen lernt, da er vorzüglich brennt.

Eine kurze Erholungspause bot sich uns nur beim Pferdewechsel. Dabei lernten wir auch die typische Verpflegung kennen, die jeder Reisende im Grenzland fürchtet: Fleisch, das in so viel Öl schwimmt, dass man nicht mehr herausschmeckt, welchen Präriebewohner man gerade verspeist. Dazu gibt es Biskuits, kleine Brötchen mit viel zu viel Backpulver gebacken und daher mit absolut scheußlich bitterem Geschmack.

Nachdem wir zwei Tage und Nächte lang, reglos aufrecht sitzend, versucht hatten, auch nur für ein paar Minuten zu schlafen, was bei dem ständigen Schlingern der Kutsche völlig aussichtslos war, forderten uns die beiden Herren direkt gegenüber unter vielen Entschuldigungen auf, wir sollten doch ein paar Decken auf ihre Knie legen und diese als Kopfstütze benützen. In dieser unnatürlich vorgebeugten Haltung fanden wir jedoch erst recht keinen Schlaf. Wir beschlossen daher, alles zu ertragen, bis die Zeit uns erlösen würde.

***

»Und wie hat die alte Frau die Reise überstanden?«, hörte ich jemanden fragen, als ich in Camp Ruby aus der Postkutsche stieg. Obwohl ich das Gefühl hatte, auf dieser Reise beträchtlich gealtert zu sein, enttäuschte es mich doch, dass Mr. Boyd diese Frage mit einem höflichen »danke, sehr gut«, statt mit einem Kinnhaken beantwortete. Alle weiteren Erinnerungen an unser Wiedersehen sind aus meinem Gedächtnis völlig gelöscht. Sobald ich mich in horizontaler Lage befand, schlief ich tief und fest für die nächsten achtundvierzig Stunden.

Fünfhundert Dollar hatte mich diese Reise bisher gekostet. Die Etappe mit der Postkutsche, die doch zum größten Teil aus endlosen Tagen, schlaflosen Nächten, blauen Flecken, Beulen und Schrammen bestanden hatte, stellte sich im Nachhinein als die Teuerste heraus. Schuld daran war meine schwere Reisetruhe, die mich pro Pfund einen ganzen Dollar kostete. Wie jedes weibliche Wesen war ich natürlich auf meine große Garderobe recht stolz. Trotzdem fragte ich mich in diesem Augenblick, ob es nicht klüger gewesen wäre, die Hälfte meiner Kleider in New York zu lassen.

Für die letzten hundert Meilen meiner Reise standen ein uralter Ambulanzwagen, ein Kutscher und vier Mulis bereit. Der Kutscher wuchtete zuerst meine Koffertruhe in den Wagen, der ein riesiges Heubündel folgte. Für Mr. Boyd und mich blieb daher nahe der Tür gerade noch ein wenig Platz. Da die schwere Truhe und das nicht minder schwere Bündel ständig die Tendenz zeigten, ihre Position zu verändern, war ich heilfroh, dass wir keinen Berg mehr überwinden mussten. Sie hätten uns sonst womöglich lebendig begraben.

Als es dunkel wurde, hielt der Wagen plötzlich an, worauf Mr. Boyd seiner völlig verdutzten Ehefrau erklärte, dass hier ihr Nachtlager sei. Ringsherum sah ich nichts als endlose Prärie. Kein Anzeichen einer menschlichen Behausung, kein Baum, kein Strauch. Der Kutscher band daher jedes Muli an einem Wagenrad fest. Bald schon brannte ein kleines Feuer aus *Greasewood*, auf dem der Kutscher etwas Speck briet. Dazu gab es für jeden von uns eine riesige Blechtasse voll Kaffee. Die einfachen Soldaten, so erfuhr ich, trinken ihren Kaffee stets literweise aus diesen gewaltigen Humpen. Auf langen Tagesmärschen ist er oft ihre einzige Verpflegung.

Dies war meine erste Erfahrung mit dem Kampieren unter freiem Himmel. Zu wissen, dass dieser winzige Punkt in der Wildnis – unser Ambulanzwagen – für heute Nacht mein Zuhause war, gab mir plötzlich ein trostloses Gefühl von Heimatlosigkeit. Sobald die Männer das Heubündel und die Truhe ins Freie geschafft hatten, ließen sich die Sitze des Wagens zu einer Art Couch zusammenrücken. Sie erwies sich nicht unbedingt als weich. Da uns aber genügend Armeedecken zur Verfügung standen, polsterten wir unser Nachtlager damit einigermaßen gemütlich aus. Kaum hatte ich ein Auge zugetan, setzte sich unsere Schlafcouch heftig in Bewegung. Ich spürte ein gewaltiges Rütteln, sodass ich entsetzt hochfuhr, auf das Schlimmste gefasst. Doch die Ursache, wie Mr. Boyd rasch herausfand, war nur ein unternehmungslustiges Muli, das sich gerade unter den Wagen zwängte. Die weiteren spielerischen Versuche der Mulis, unsere Schlafcouch in alle vier Himmelsrichtungen zu ziehen, bescherte uns eine höchst unruhige Nacht. Hin und wieder verspürte eines von ihnen den dringenden Wunsch auf-und-davon zu galoppieren. Damit weckte es seine Kameraden, die nun ihrerseits an ihrem Rad zerrten. Nur der ständigen Wachsamkeit unseres Kutschers war es wohl zu verdanken, dass es ihnen nicht doch noch gelang, dieses uralte Gefährt auseinanderzureißen.

Als Mr. Boyd mich damit tröstete, dass ich die nächste Nacht in einem Haus schlafen würde, fühlte ich mich überglücklich. Dieses Haus, wie ich zu meiner Bestürzung feststellen musste, war jedoch nichts weiter als eine Blockhütte, in der sich zehn Männer einen winzigen Raum teilten. In der Ecke stand ein Bett, oder besser gesagt, eine primitive Koje aus unbehauenen Fichtenbrettern. Selbstverständlich zögerte ich, jemanden seines Betts zu berauben, doch alle zehn Männer versicherten mir, ich täte ihnen damit einen großen Gefallen. In Gegenwart so vieler Männer fühlte ich mich etwas unbehaglich. Sie richteten uns jedoch rasch ein Nachtlager hinter einem Verschlag aus Decken her. Am nächste Morgen bot sich mir ein reichlich komisches Bild, als ich gestandene Männer beim Teigkneten beobachtete. Als Frühstück gab es frische, über dem offenen Herdfeuer gebackene Biskuits. Ich fiel mit gutem Appetit darüber her, worüber sich unsere Gastgeber sichtlich freuten.

Die nächste Nacht verbrachten wir wiederum in einer Blockhütte. Die fünfzehn Männer, die hier wohnten, ließen wie üblich nicht locker, bis ich das einzige Bett akzeptierte. Als ich während der Nacht einmal kurz den Vorhang öffnete, bot sich mir ein unvergesslicher Anblick: vor dem Bett aufgereiht schliefen nicht nur fünfzehn Männer. Mindestens sechs riesige Hunde hatten sich noch dazwischen gezwängt, da draußen ein wilder Schneesturm tobte.

Am nächsten Morgen lag der Schnee über einen Meter hoch. Der Ambulanzwagen steckte daher schon nach zwei Meilen in einer Schneewehe fest. Unsere Gastgeber der letzten Nacht bemühten sich zwar den Wagen herauszuziehen, rissen dabei aber nur die Vorderräder ab. Sie boten uns daraufhin ihr einziges Gefährt an, einen offenen, ungefederten Wagen. Gleichzeitig baten sie mich eindringlich, in die Blockhütte zurückzukehren. Zu diesem Zeitpunkt war jedoch mein Verlangen, endlich am Reiseziel anzukommen, übermächtig groß. Ich wäre selbst zu Fuß gelaufen. In dicke Decken eingewickelt fuhren wir daher die letzten achtzehn Meilen durch wirbelnde Schneeflocken, die keinerlei Weg mehr erkennen ließen. Anfangs versuchte ich noch, den Schnee abzuschütteln, bis mir vor lauter Erschöpfung alles gleichgültig war. Nach zwölf Stunden Fahrt, dem kalten Wind schutzlos preisgegeben, halb unter Schnee begraben und fast erfroren, fühlte ich mich so trostlos, dass ich in Tränen ausbrach, als Mr. Boyd mich aus dem Wagen hob und in mein neues Zuhause trug.

Sobald ich den Mut aufbrachte, mich umzusehen,

fand ich heraus, dass mein neues Heim aus zwei Wandzelten bestand. Man hatte sie ineinander gebaut, sodass der kleinere Teil das Schlafzimmer, der größere das Wohnzimmer bildete. In der Mitte hing ein grober Baumwollvorhang, der die beiden Zimmer voneinander trennte. Den Boden bedeckte eine Art Teppich aus festgenagelten Getreidesäcken. Im Inneren gab es weder ein Fenster noch eine Tür, daher wirkte es auf mich wie ein Gefängnis. In meinem völlig erschöpften Zustand fand ich all das wenig erfreulich.

Als ich im Bett lag, spürte ich deutliches Heimweh. Und doch glaubte ich plötzlich, Klaviermusik zu hören. Ein Klavier in dieser Einöde? Ausgeschlossen! Doch das Klavier existierte tatsächlich. Es gehörte der Frau unseres Captains, außer mir das einzige weibliche Wesen im Camp. Obwohl die bekannten Melodien an diesem Abend mein Heimweh noch verstärkten, trug es viel dazu bei, mein Leben hier etwas erträglicher zu gestalten.

In einem Zelt zu wohnen empfand ich als ziemliche Zumutung, bis ich entdeckte, dass die Unterbringung der Soldaten noch um einiges schlechter war. Sie hausten in sogenannten *Dugouts*, in Löchern, die man in den Lehm gegraben hatte. Diese Art der Behausung erschien mir schon als Pferch für Mulis recht schäbig, für Menschen jedoch völlig ungeeignet. Mr. Boyd versicherte mir jedoch, dass die Männer in den *Dugouts* keineswegs frieren müssten.

Als nächstes empörte mich, welch ungeheure Macht blutjunge Offiziere über die Soldaten hatten. Die meisten dieser jungen Burschen hatten eine äußerst feste Meinung was Disziplin anging. Sobald ein Soldat im geringsten aufmuckte, erwartete ihn eine Bestrafung, die in keinem Verhältnis zu seiner Tat stand. Da auch der leiseste Laut bis in unser Wohnzelt drang, regte ich mich jedes Mal entsetzlich auf, wenn ich die Schmerzensschreie der Bestraften hörte. Ich fand es wirklich unerhört, dass so ein Jüngling grausame Autorität über Männer ausüben durfte, die vom Alter her ihr Vater sein könnten. Diese unzumutbaren Zustände änderten sich zum Glück recht bald.

Unsere Soldaten stammten aus Kreisen der untersten Schicht. Disziplin war daher unabdingbar. Dafür brauchte man allerdings Männer mit etwas mehr Lebenserfahrung. Ich selbst werde diese einfachen Soldaten immer in liebevoller Erinnerung behalten. Es war mir nämlich in all den Jahren in der Army nicht möglich, eine Köchin zu finden. Ich erinnere mich noch genau daran, mit welcher Freude ich den ersten Soldaten als Koch anstellte. In punkto Hauswirtschaft war ich leider völlig unerfahren und damit seinen Einfällen und Launen bald hilflos ausgeliefert. Trotzdem werde ich nie vergessen, wie er mir am Esstisch stets einen warmen Adobeziegel unter die Füße schob, sobald unser Fußboden vom Regen völlig aufgeweicht war. Auch erinnere ich mich noch mit Rührung daran, wie er das Waschen und Bügeln übernahm, als unsere Waschfrau ausfiel. Sowie er bemerkte, dass ich entschlossen war, diese Aufgaben selbst zu übernehmen, stand er früher auf, um das zu verhindern. Obwohl er sich durch diese Tätigkeiten den Spott seiner Kameraden einhandelte, ließ er sich nicht beirren.

In diesem und im nächsten Winter fiel das Thermometer auf dreiunddreißig Grad unter null. Im Wohnzimmer wurde deshalb eine riesige Feuerstelle eingerichtet, und im Schlafzimmer stand ein mächtiger Bullerofen. Unser Ehebett oder besser gesagt die Schlafkoje bestand aus ein paar robusten Fichtendielen. Sie ließen gerade noch Platz für den Ofen und ein schmales Brettchen für unsere Toilettenartikel. Morgens und abends bedurfte es daher ständiger Wachsamkeit, um bei der Waschprozedur nicht in Flammen aufzugehen. Als ich eines Abends wieder einmal leichten Brandgeruch vernahm, hob ich schnell meine Röcke hoch, um nachzuprüfen, ob einer davon Feuer gefangen hatte. Es stellte sich jedoch als falscher Alarm heraus. Trotzdem wurde der Geruch immer penetranter. Kurze Zeit später entdeckte ich in Mr. Boyds Uniformrock ein riesiges Loch. Er hatte sich auf eine brennende Kerze gesetzt, die auf dem Bett stand. In dieser abgelegenen Gegend stellte mich das vor ein fast unlösbares Problem. Wo sollte ich neuen Stoff, Nadeln und Faden herbekommen? Hier draußen gab es weit und breit keinen Laden. Auch zeigte sich unser Quartiermeister recht launisch und teilte alles Lebensnotwendige nach eigenem Gutdünken aus.

Unsere Mahlzeiten nahmen wir zunächst im Haus des Quartiermeisters ein. Ich war jedoch eifrig darauf bedacht, bald meinen eigenen Haushalt zu führen. Dazu brauchte ich eine Küche mit einem Essplatz. Mein ständiges Flehen rührte den Quartiermeister schließlich so weit, dass er Anweisung gab, ein paar Weidenruten in die Erde zu stecken und ein paar ausgediente Hafersäcke darüber zu werfen. Die Tür bestand aus zwei senkrechten und zwei waagrechten Weidenruten, mit weiteren Hafersäcken bedeckt. Ein Nagel diente als Türknopf, ein Lederfetzen hielt die Tür geschlossen, falls man ihn um den Nagel wickelte. Den Küchenboden trampelten wir mit der Zeit fest. Allerdings bohrte sich das Regenwasser immer wieder neue Löcher. Es gelang mir nicht, den Quartiermeister davon zu überzeugen, dass meiner Küche ein Dach fehlte. Die Soldaten brachten uns jedoch die Häute von geschlachteten Rindern. Übereinander gelegt ergaben sie ein ganz passables Dach. Trotzdem hielten sie Regen und Schmelzwasser nicht davon ab, während der Mahlzeiten auf uns herabzutropfen. Zum Glück gewöhnt man sich als junger Mensch sehr rasch an alles. Bald gehörte es für mich ganz einfach dazu, bei jeder Mahlzeit fünf- oder sechsmal den Platz zu wechseln.

Zwei Monate nach meiner Ankunft eilte ich erwartungsvoll in mein Kochzelt. Der Quartiermeister hatte mir mitteilen lassen, meine Haushaltskiste sei angekommen. Darin befand sich das Geschirr, das wir – für einen ganzen Monatslohn – von einem Offizier in Camp Ruby erstanden hatten. Sobald wir die Kiste öffneten, begrüßte uns ein Klirren, das uns jedoch keinesfalls auf den Anblick völliger Zerstörung vorbereitete. Fast der gesamte Inhalt bestand aus Scherben, bis auf wenige Teile, die jedoch tiefe Risse oder Sprünge zeigten. Als wir die einzelnen Stücke zusammensetzten, entnahm ich außerdem der beigefügten Liste, dass ein guter Teil fehlte. Vermutlich hatte der Frachtfahrer die Kiste unterwegs geöffnet und sämtliche brauchbaren Stücke verkauft. Der Triumph, mit dem wir die einzig unversehrten Stücke – eine Waschschüssel und einen großen Krug – aus dem Scherbenhaufen zogen, wurde nur noch übertroffen von der Enttäuschung, als wir feststellten, dass die Waschschüssel nicht auf unser schmales Toilettenbrett passte. Wir mussten uns also weiterhin mit der primitiven Blechschüssel begnügen.

Leider hielt der Krug dem Klima nicht lange stand. Die Waschschüssel erwies sich nur ein einziges Mal als nützlich, obwohl ich bei dieser Gelegenheit vor Scham am liebsten im Erdboden versunken wäre. Zu unserem ersten Hochzeitstag hatten wir alle unsere Freunde zu einer kleinen Feier eingeladen. Im Kochzelt warteten wir auf Mr. Boyd, der einen starken Punsch gebraut hatte. Auf der Suche nach einem großen Gefäß war ihm die nutzlose Waschschüssel eingefallen. Als er die wohlgefüllte Schüssel hereintrug, fiel es mir nicht einmal im Traum ein, mich für diesen Mangel an Takt zu entschuldigen. Ich erklärte jedoch vehement, dass die Waschschüssel ihrem eigentlichen Zweck noch nie gedient hätte.

Für die nächsten drei Jahre lebten wir vorwiegend von den üblichen Soldatenrationen: Speck, Mehl, Bohnen, Kaffee, Tee, Reis, Zucker und Gewürze. Unser einziger Luxus waren getrocknete Äpfel, mit denen ich auf jede erdenkliche Art und Weise experimentierte. Dann und wann gönnten wir uns ein Dutzend Eier, für die wir einen stolzen Preis bezahlten. Eine Farmersfrau versorgte uns mit Butter, die nicht nur unverschämt teuer war, sondern auch noch abscheulich nach wilden Zwiebeln schmeckte. Das lag daran, dass die Rinder im Frühjahr alle möglichen Wildkräuter fraßen. Als ich der Frau mitteilte, dass wir den Zwiebelgeschmack in ihrer Butter nicht sehr schätzten, drohte sie damit, uns nie mehr zu beliefern. Das war für uns jedoch kein großer Verlust und für mich eine willkommene Ersparnis.

Da wir unbedingt ein paar Sitzgelegenheiten benötigten, bestellten wir in Austin sechs robuste Küchenstühle. Als erstes kam die Rechnung, die im Voraus zu begleichen war. Bestürzt stellten wir fest, dass uns ein halbes Dutzend Küchenstühle plus Fracht fünfzig Dollar kosten sollte. Zu diesem Preis, so hoffte ich, müssten sie doch wohl die Zierde meiner Küche werden. Vergebliche Hoffnung! Als der Frachtwagen vorfuhr und alles abgeladen wurde, da war für uns nur ein einziger Küchenstuhl dabei. »Wo sind die restlichen fünf?« fragte ich erstaunt. »Ach, wissen Sie Madam«, erwiderte der Frachtfahrer, »ich musste sie ganz oben aufladen. Von dort sind sie mir immer wieder runtergefallen und dabei kaputt gegangen«. Ich glaubte ihm kein Wort. Vermutlich hatte er unterwegs einen Teil verkauft oder zu Brennholz verarbeitet. Zuerst war ich wie vor den Kopf geschlagen, doch als ich den einzig Überlebenden – ein ausnehmend hässliches Exemplar – in meine Küche stellte, musste ich doch lachen. Später machten wir jeden Gast, der auf dem Stuhl Platz nahm, darauf aufmerksam, dass er auf einem fünfzig-Dollar-Stuhl saß.

Auch unser Nachschub an Lesestoff hing von der Gnade und Ehrlichkeit der Frachtfahrer ab. Wochenlang bot uns die Lektüre eines Fortsetzungsromans eine erfreuliche Abwechslung. Es handelte sich um eine Liebesgeschichte, in deren Verlauf es die tapfere Heldin auf eine einsame Insel verschlug. Wir nahmen regen Anteil an ihrem Schicksal und hofften inständig, ihr Liebhaber möge bald dort auftauchen. Wie die Geschichte endete, fanden wir leider nie heraus, da uns mehrere Wochen lang keine Zeitung mehr erreichte. Der Rest blieb daher unserer Phantasie überlassen. Da weniger unterhaltsamer Lesestoff stets pünktlich bei uns eintraf, vermuteten wir, dass leichtere Lektüre auf dem Weg hierher in irgendeiner Poststation verscholl.

Zum Glück gab es noch andere Vergnügungsmöglichkeiten. Da mein Mann im Winter viel Zeit für mich hatte, lernte ich ausgezeichnet *Cribbage* spielen. Außerdem setzte er mich in den Sattel, denn ich wollte mit ihm gemeinsam die nähere Umgebung erkunden. Ich hatte vom Reiten keine Ahnung, daher wählte er für mich den ältesten und zahmsten Gaul. Er hieß *Honest John* und machte seinem Namen alle Ehre.

Im Frühjahr ließ das Schmelzwasser aus den Bergen die unbedeutensten Bächlein anschwellen. Damit boten sie uns nicht nur eine

Wohltat fürs Auge. Wir angelten daraus auch noch köstliche Regenbogenforellen. Überall gediehen jetzt farbenprächtige Wildblumen. Leider gab es in dieser Gegend weder Bäume noch größere Sträucher und damit für unser Zelt auch keinen Schatten. Daher litten wir im Sommer genauso extrem unter der Hitze, wie im Winter unter der Kälte. Da die Sonnenstrahlen durch das Dach hindurchdrangen, sah mein Gesicht bald völlig verbrannt aus. Myriaden winzigster Stechmücken setzten uns zu. Vor ihnen schützte uns nicht einmal das feinste Moskitonetz. Außerdem litt ich Höllenqualen unter einer Kolonie Wespen, die sich über den Zeltpfosten auf dem Dach eingenistet hatten. Zunächst bemerkten wir sie gar nicht, bis sie sich entweder unglaublich vermehrt oder aus allen Himmelsrichtungen Rekruten erhalten hatten. Bald summte und brummte es über unseren Köpfen und schwirrte durch die Astlöcher der Fichtentür. Sobald wir etwas zu hastig eintraten, begrüßte uns ein ärgerliches Summen, dem augenblicklich ein oder zwei Stiche folgten. Diese Insekten übernahmen die Vorherrschaft in unserem Wohnzimmer. Nur im Schlafzimmer fühlte ich mich vor ihnen sicher. Als ich mich dort eines Morgens anzog, spürte ich plötzlich solch einen entsetzlichen Stich am Knöchel, dass ich jegliche Selbstdisziplin vergaß. Ich ließ einen lauten Schrei los, worauf sich ein gutes Dutzend Soldaten in unser Zelt stürzte. Statt der von mir vermuteten Klapperschlange fanden sie zwar nur eine Wespe, trotzdem war ich in diesem Moment mit den Nerven völlig fertig.

Mit den Ranchern in der Nachbarschaft freundeten wir uns rasch an. Ihre Frauen, für die ich mich natürlich besonders interessierte, führten hier im Grenzland ein unglaublich hartes Leben. Die Rancher zeigten sich anfangs noch etwas scheu, doch bald hießen sie uns herzlich willkommen. Sie veranstalteten für uns kleine Feste und drängten uns stets, doch noch etwas länger zu bleiben. Bei jedem Besuch stellte man uns eine neue Verwandte vor – eine Kusine oder Schwester. Wir wunderten uns zunächst darüber, bis es uns schließlich dämmerte, dass unsere neuen Freunde zu den Mormonen gehörten.

Auch für die freundlichen Piute und Schoschonen in unserer Nachbarschaft interessierte ich mich außerordentlich. Dieses Interesse beruhte auf Gegenseitigkeit und wurde zuzeiten auch etwas lästig. Unsere Indianerfreunde erschienen zu jeder Tageszeit und beobachteten uns dann unablässig. In einem Indianercamp fand ich ein ganz entzückendes Baby. Seine Mutter freute sich anfangs über meine Besuche, bis ich eines Tages ein selbstgenähtes Hemd mitbrachte. Bevor ich es dem Baby anzog, wusch ich es gründlich. Das überzeugte die Mutter, dass ich finstere Pläne im Schilde führte. Bei meinen folgenden Besuchen fand ich keine Spur mehr von dem Kleinen. Ein Mädchen hätte mir die Mutter wohl einfach überlassen, aber ein Junge gilt den Indianern als wertvoller Besitz.

So oft Mr. Boyd nach Austin fuhr, konnte er der Versuchung nicht widerstehen, mir irgendein Geschenk zu kaufen. Von seinem ersten Besuch brachte er mir ein Kistchen Äpfel mit, für einen geradezu schockierend hohen Preis. Dann folgte die kaputte Nähmaschine, die sich nicht mehr reparieren ließ. Sein nächstes Geschenk war zwar billig, dafür aber recht lautstark. Mr. Boyd wusste, dass ich noch nie einen *Burro* gesehen hatte. Der Besitzer versicherte ihm, der kleine Esel sei so sanftmütig, dass ein Kind darauf reiten könne. Das traf auch zu, aber mit der Kraft und dem Volumen seines Stimmorgans überraschte uns der Winzling völlig. Sein »*i-a*« ertönte in den unangebrachtesten Momenten. Wurden militärische Befehle verlesen, schmetterte *Burro* seine eigene Begleitmusik dazu, die jeden anderen Laut übertönte. Da er sich ohne Artgenossen einsam fühlte, suchte der arme Kerl menschliche Gesellschaft. Er erschien am Zelteingang und begrüßte uns so laut und schallend, dass fast das Dach davonflog. Trotz dieser Späße wurde er im Camp geduldet, denn das possierliche Tier brachte uns alle zum Lachen.

Während der letzten Monate waren die Gleise der *Union Pacific Railroad* immer näher gerückt. Inzwischen verging kein Tag, an dem unser Armeedoktor nicht ein paar verletzte chinesische Bahnarbeiter verarzten musste. Ansonsten brachte die Eisenbahn leider nicht den erhofften Zuzug von Siedlern, Schürfern, Ranchern oder Farmern. Die Siedler, die erschienen, gehörten zur nomadischen Sorte.

Sie waren es bald schon leid, viel Arbeit in ein Stück Land zu investieren bis es irgendwann Erträge brachte.

Um diese Zeit kam endlich die langerwartete Beförderung meines Mannes zum ersten Leutnant. Gleichzeitig erreichte ihn die Order, ins ferne Arizona umzuziehen. Nach all den entbehrungsreichen Monaten sollten wir also weder von den neu erbauten Häusern noch von der Bahnlinie profitieren. Das fand ich äußerst ungerecht!

Genau ein Jahr nach meiner Ankunft in *Camp Halleck* bestieg ich wieder eine Postkutsche, mit der wir jedoch bereits nach zwölf Meilen den Endpunkt der Eisenbahn erreichten. Dort begrüßte uns der Ingenieur der *Union Pacific*. Er erklärte uns, dass bisher nur Bauzüge auf den neu verlegten Gleisen verkehrten. Den ersten Passagierzug erwarte er jedoch bereits am nächsten Morgen. Er lud uns herzlich ein, die Nacht in seinem mobilen Heim zu verbringen.

Das Heim des Ingenieurs und seiner Familie bestand aus zwei Eisenbahnwaggons. Es wirkte gemütlich und geräumig. Der erste Waggon teilte sich in eine Essecke und eine Küche, das Reich des chinesischen Kochs. Im zweiten Waggon befand sich das gemütliche Wohnzimmer und die Schlafkojen.

Wir hörten das Gerücht, unter den chinesischen Bahnarbeitern seien die Pocken ausgebrochen. Nachdem wir uns von dem Ingenieur und seiner Familie verabschiedet hatten, erreichte uns unterwegs ein Telegramm. Unser freundlicher Gastgeber lag mit Pocken erkrankt darnieder. Er erholte sich jedoch weitaus schneller von der Krankheit, als wir uns von dem gewaltigen Schrecken.

Statt des versprochenen Passagierzugs erwartete uns am nächsten Morgen ein Frachtwaggon. Wir kletterten durch die riesige Seitenöffnung hinein, danach wurden die Stufen weggezogen. Im Waggon standen nur ein paar harte Holzbänke. Außerdem war er völlig überfüllt mit chinesischen Bahnarbeitern, was die Situation nicht gerade angenehmer machte. Während der Fahrt auf den neu verlegten Gleisen rüttelte und schüttelte es ordentlich. Des Öfteren gab es auf freier Strecke einen längeren Aufenthalt, obwohl sich kein Grund dafür erkennen ließ. So langsam erschien mir die langwierigste Postkutschenfahrt als angenehmer. Da wir eigentlich damit gerechnet hatten, zügig voranzukommen, knurrte uns schon bald der Magen. Völlig erschöpft erreichten wir gegen drei Uhr morgens eine Bahnstation. Zum Glück versorgte uns dort eine mitleidige Seele mit etwas Essbarem. Danach fiel ich sofort in tiefen Schlaf.

Später stiegen wir auf einen zivilisierten Schlafwagen um, der uns nach Sacramento brachte. Wir passierten Nevada in einem Tempo, das mir geradezu unglaublich erschien. Als wir die Sierra überquerten und die Schneeschuppen uns für die nächsten fünfundzwanzig Meilen die herrlichste Aussicht versperrten, da fühlte ich mich plötzlich stolz und glücklich, nur ein knappes Jahr zuvor noch etwas erlebt zu haben, das bereits der Vergangenheit angehörte – eine altmodische Postkutschenfahrt über diese grandiosen Berge.

Mutter und Kind wohlauf

In San Francisco musste sich Mr. Boyd als erstes beim kommandierenden Offizier melden. Der General erteilte ihm die Erlaubnis, für die nächsten zwei Monate in San Francisco zu bleiben. Er versprach ihm auch, dass er im aktiven Dienst eingesetzt werde, damit er seinen vollen Lohn erhalte. Das erschien uns als großzügige Geste, bis wir herausfanden, woraus der aktive Dienst bestand. Der General schickte Mr. Boyd gleich am nächsten Morgen mit dem Dampfschiff auf Inspektionstour – fünfhundert Meilen von mir entfernt. Wie einsam und verlassen fühlte ich mich jetzt in der kleinen Pension in dieser fremden Stadt!

Zehn Tage später erwartete ich meinen Mann zurück. Als er mit dem vorgesehenen Dampfer nicht erschien, war ich völlig verzweifelt. In dieser Nacht kam unsere Tochter Mabel zur Welt. Ein Freund telegraphierte an Mr. Boyd: *Mutter und Kind wohlauf.* Dabei ließ er das Geschlecht des Kindes absichtlich weg. »Die Offiziere«, erklärte er mir, »sind immer froh über einen Anlass zum Wetten«.

In Wirklichkeit ging es Mutter und Kind keineswegs gut. Wir befanden uns in den Händen einer völlig unfähigen Hebamme. Meine Schmerzen erschienen mir fast unerträglich und mein Baby bekam ständig opiumhaltige Tropfen eingeflößt, damit es ruhig blieb. Die Hebamme wog mindestens dreihundert Pfund. Da wir uns zu dritt ein Bett teilten, neigte sich ihre Seite in Richtung Boden, sodass ich ständig gegen sie rollte. Außerdem hörte man ihr lautes Schnarchen auf dem gesamten Stockwerk. Die ganze Nacht über lag ich daher wach und sehnte den nächsten Morgen herbei. Tagsüber behandelte sie Baby und mich reichlich grob. Auch gab sie mir das Gefühl, ein äußerst ungehorsames Kleinkind zu sein.

So erging es uns mehrere Tage, bis die freundlichen Pensionsdamen endlich einschritten. Allerdings taten sie das erst, als man im ganzen Haus verzweifeltes Babygeschrei hörte. Als sie nach uns beiden sahen, fanden sie mich ohnmächtig im Bett, von der Hebamme keine Spur. Trotzdem wagte ich es nicht, gegen diese Person aufzumucken. Gott sei Dank erschien Mr. Boyd eine Woche später. Als er dieses Musterexemplar ihrer Gattung feuerte, hatte sie die Dreistigkeit, für ihre sogenannten Dienste vierzig Dollar zu verlangen. Welch ein Glück, dass man heutzutage überall gut ausgebildete Hebammen findet!

Von jetzt ab kümmerten wir uns selbst um das Wohl unserer kleinen Tochter. Dabei stellten wir uns zunächst höchst ungeschickt an. Die Hebamme hatte Mabel stets Tropfen verabreicht, sobald sie verzweifelt schrie. Bei unserem ersten Versuch, ihr einen Teelöffel davon einzuflößen, erstickte unser Baby fast. Zum Glück erkannten wir bald, dass dieses opiumhaltige Teufelszeug unseren kleinen Liebling umbringen würde. Leider blieb das nicht unser einziges Experiment. In unserem Eifer, Mabels Erscheinung so vorteilhaft wie möglich zu gestalten, befolgten wir so ziemlich jeden Rat. Deshalb schnitt ich ihr eines Tages die Wimpern ab, die dadurch angeblich dicker nachwachsen sollten. Als sie schon etwas älter war, kam ich gerade dazu, wie Mr. Boyd ihr kleines Näschen zwischen die Zangen eines Kleiderbügels presste, um seine Form zu verbessern. Sie brüllte dabei wie am Spieß. Ich war empört, denn mein Experiment war wenigstens schmerzlos verlaufen.

Der General hielt sein Versprechen nicht. Kaum war Mr. Boyd zurückgekehrt, erhielt er von seinem Vorgesetzten den Befehl, sich unverzüglich nach Arizona zu begeben. Es blieben uns daher nur wenige Tage, um die notwendigsten Einkäufe zu erledigen. Gleichzeitig jagten wir auf der Suche nach einem geeigneten Kindermädchen durch die gesamte Stadt. Es fand sich jedoch nur ein zwölfjähriger Chinese dazu bereit, uns nach Arizona zu begleiten. Leider ließ sich keine einzige Frau dazu überreden, diesen Posten anzunehmen. Für die Ablehnung nannten sie uns stets zwei triftige Gründe: es gab in Arizona keine Kirche, dafür aber jede Menge Indianer.

Als wir mit dem Dampfer die südkalifornische Küste entlangfuhren, sorgte die stürmische See dafür, dass ich mich äußerst miserabel fühlte. So dünn und blass wie ich aussah, erregte ich bald jedermanns Mitleid. Unsere Tochter Mabel war genau drei Wochen alt, als wir Los Angeles erreichten. In der wunderschönen Umgebung der Stadt war die Luft erfüllt vom Duft der Orangen. Obstbäume

spendeten Schatten und bogen sich unter der Last der verschiedensten Früchte. Unterwegs pflückte ich ein paar Orangen. Sie schmeckten so wunderbar saftig, dass ich mir bis zum heutigen Tage nichts
aus Orangen mache, wenn sie nicht frisch gepflückt sind. Ich bedauerte es sehr, dass wir nicht länger in Los Angeles bleiben konnten.
Mr. Boyd erklärte mir jedoch, er sei Soldat. Als solcher habe er dem
Befehl seines Vorgesetzten zu gehorchen. Es gab aber auch noch einen weiteren Grund. Die chinesischen Angestellten unseres Hotels
hatten ihrem jungen Landsmann die haarsträubendsten Horrorge-
schichten über grausame Indianer erzählt. Da er offenkundig
glaubte, sein langer Zopf sei ein zusätzlicher Anreiz skalpiert zu
werden, war er fest entschlossen, schleunigst zu verschwinden. Um
ihn an der Flucht zu hindern, blieb uns keine andere Wahl, als ihn
bis zum Tag unserer Abreise einzusperren. Jahre später wurden
Arizona und New Mexiko von Chinesen regelrecht überrannt. Es ist
jedoch historisch verbürgt: der erste Chinese, der jemals dort auftauchte, war unser Kindermädchen.

Für die Reise hätte man uns eigentlich mit einem ordentlichen
Ambulanzwagen ausrüsten müssen, samt Kutscher und vier Mulis.
Aus irgendeinem fadenscheinigen Grund wurde das Mr. Boyd jedoch verweigert. Stattdessen mussten wir mit einem Zweispänner
vorlieb nehmen. Sobald wir alles aufgeladen hatten, was uns als
wirklich unverzichtbar erschien, bot der Wagen einen reichlich ko-
mischen Anblick. Unsere Matratze, das Bettzeug und unser einziger
Küchenstuhl waren auf der Rückseite festgezurrt. Im Innern war alles mit Kleidung und Proviant vollgestopft, so kompakt gebündelt,
wie nur irgend möglich. Für irgendwelche Luxusartikel blieb da
kein Platz, schließlich fuhren wir in feindliches Indianergebiet. Gut
bewaffnet zu sein war daher Mr. Boyds wichtigstes Anliegen. Er
nahm ein Gewehr und zwei Pistolen mit. Direkt über unseren Köpfen hingen die zwei Säbel, die er im Dienst trug.

Irgendeine Vorahnung oder vielleicht auch meine schlechten Erfahrungen mit Frachtfahrern ließ mich bei der Auswahl der Klei-
dungsstücke, die wir bald schon benötigen würden, sehr überlegt

vorgehen. Eine weise Voraussicht, wie sich zeigte, denn unsere Kleiderkoffer sowie die Kiste mit den Küchenutensilien sah ich erst nach sechs langen Monaten wieder.

Mit meiner üblichen Fügsamkeit gegenüber Ratschlägen, die mein Baby betrafen, hatte ich Mabel für die Reise in einen Champagnerkorb gepackt. Diesen Rat, der sich als ausgesprochen nützlich erwies, verdankte ich der Frau eines Zahlmeisters. Damit reiste unsere Tochter höchst komfortabel und ich selbst musste auf dieser mühseligen Fahrt nicht auch noch tagein tagaus ein Baby im Arm halten. In diesen riesigen Korb gepackt schlief die Kleine tief und fest, da die ständige Bewegung so einschläfernd wirkte wie ein Wiegenlied. Sobald wir kurz anhielten, wachte sie auf. Der Korb wurde neben dem Kutschbock festgeschnallt, auf dem Mr. Boyd saß, während ich den Rücksitz mit dem kleinen Chinesen teilte.

Die ersten fünf Tage dieser Reise empfand ich als reines Vergnügen. Die Straße war gut, die Szenerie großartig. Auch genossen wir jeden Abend die Gastfreundschaft irgendeiner netten Familie. Überall erwartete uns ein ausgezeichnetes Abendessen, gemütliche Betten und obendrein noch unaufgeforderte Ratschläge in Hülle und Fülle, was die richtige Behandlung eines Babys anging. Obwohl Mabel die gesamte Fahrt über schlief, wurde sie bei Nacht vom Erzfeind aller Babys – der Kolik – heimgesucht. Wir packten sie deshalb noch dicker ein. Niemand hätte erraten können, dass dieser gut festgezurrte, mit Decken ausgestopfte Korb ein menschliches Wesen enthielt. Bei jedem Aufenthalt sorgten wir für eine gelungene Überraschung, wenn aus all den Umhüllungen schließlich ein Baby zum Vorschein kam.

Am fünften Tag erreichten wir Camp Cady. Da hier im Augenblick nur zwanzig Mann stationiert waren, bestand unsere Eskorte für den nächsten Tag nur aus zwei Soldaten. Und trotzdem konnte sich die Frau eines Offiziers nicht verkneifen zu fragen: »Und wie sollen wir uns mit nur achtzehn Mann verteidigen, falls die Indianer angreifen?« Als wir am nächsten Tag eine enge Schlucht hinunterfuhren, dachte ich bei mir: Was können drei Mann wohl gegen eine Horde Indianer ausrichten?

Kaum hatten wir die Schlucht durchquert, da mussten sich die beiden Zugpferde durch tiefen Sand kämpfen. In zehn Stunden legten wir daher nur achtzehn Meilen zurück. Als wir am nächsten Abend den Soda Lake erreichten, nahmen wir den völlig erschöpften Pferden das Zaumzeug ab, worauf sich eines von ihnen augenblicklich in den See stürzte. In seinem überhitzten Zustand ging es sofort unter. Es gelang uns nicht, es wieder auf die Beine zu stellen. Zu unserem Kummer blieb Mr. Boyd nichts weiter übrig, als dieses schöne, treue und starke Tier zu erschießen. Glücklicherweise führten wir noch ein Packmuli mit, voll beladen mit Hafer für die Pferde. Das musste Mr. Boyd jetzt wohl oder übel vor den Wagen spannen. Das Muli wurde vom Hafersack befreit, wehrte sich aber ganz entschieden gegen das Zaumzeug. Leider blieb in unserem völlig überlasteten Wagen nur noch Platz für einen Teil des Hafers, das meiste blieb daher am Wegesrand liegen. Ich kann mich beim besten Willen nicht mehr daran erinnern, wo eigentlich unsere Füße steckten, denn mit dem Hafersack blieb auf dem Boden kein Millimeter mehr frei. Unser zweites Zugpferd, eine hübsche kleine Stute, protestierte energisch gegen die Gesellschaft eines Packmulis. Um diesem tollpatschigen Gesellen möglichst schnell zu entkommen, zog sie weit mehr als die Hälfte der Last. Die nächsten Tage versuchte Mr. Boyd vergebens, die kleine Stute etwas zu bremsen und dafür das Muli zum Ziehen zu ermuntern. Dann und wann verfiel es in einen schwerfälligen Galopp, was reichlich lächerlich wirkte.

Noch trostloser als der tiefe Sand erwies sich der nächste Streckenabschnitt, denn der Boden bestand aus Alkali. Soweit das Auge reichte, blickte man auf eine endlos weite, unfruchtbare Ebene, auf der nicht einmal mehr der kläglichste Strauch gedieh. Während meiner gesamten Armeezeit sah ich keine ödere Gegend als diese Alkaliwüste. Hätten wir unserer kleinen Stute jetzt nicht einen Ruhetag gegönnt, wäre sie wohl eingegangen. Der harte, weiße Boden, auf dem wir kampierten, reflektierte das gleißende Sonnenlicht. Stundenlang prallte die Sonne mitleidlos auf uns herab. Obwohl wir uns allesamt dick mit Glyzerin eingeschmiert hatten, zeigten sich schon bald auf unseren Gesichtern und Händen die ersten Hitzebläschen.

In der nächsten Nacht erreichten wir ein altes verfallenes Haus. Ich hatte in den letzten Nächten so sehr eine schützende Bleibe vermisst, dass Mr. Boyd sich sofort damit einverstanden erklärte, unsere Matratze in das alte Gemäuer zu legen. Ein Dach gab es wohl schon lange nicht mehr, doch die Mauern schienen mir noch genug Schutz zu gewähren. In der Gewissheit, diese Nacht wundervoll zu schlafen, legte ich mich zufrieden nieder. Stattdessen litt ich Höllenqualen. Ich bin überzeugt, dass in dieser Ruine jede Art von Ungeziefer lebte. Insekten umschwärmten uns und hielten ein wahres Festmahl ab. Auch hörte ich die unheimlichsten Geräusche und etwas später in der Nacht drückte ich mein Baby fest an mich. Ich war mir sicher, dass es hier Klapperschlangen gab. Die Nacht erschien mir endlos lang, doch da ich stets befürchtete, für Mr. Boyd noch eine zusätzliche Belastung zu sein, ertrug ich meine quälenden Ängste ohne den geringsten Mucks.

In Fort Mojave

stattete man uns mit zwei Maultieren aus, sodass die kleine Stute von jetzt ab neben dem Wagen hertraben konnte. Unsere Eskorte bestand aus zwei Mann, die Post nach Arizona beförderten. In der ersten Nacht hielten uns Signalfeuer in ständiger Alarmbereitschaft. Sie zeigten an, dass sich feindliche Indianer in der Nähe befanden. Ich werde nie vergessen, wie mir der Schreck in die Glieder fuhr, als mir plötzlich bewusst wurde, welche Gefahr uns drohte. Im letzten Jahr hatte ich mich so sehr an Indianer gewöhnt, dass mir sämtliche Stämme als harmlos erschienen. Die ständige Wachsamkeit unserer Eskorte überzeugte mich jedoch bald vom Gegenteil.

Nach unserer zermürbenden Fahrt durch die Wüste genoss ich die herrlichen Kiefernwälder. Meine Begeisterung verflog jedoch rasch, als ich am nächsten Tag einen mit Felsbrocken übersäten Berghang hinunterklettern musste. Die Männer hatten alle Hände voll zu tun, den Wagen, an Seile gebunden, schrittweise den Hang herunterzulassen. Mit dem Baby auf dem Arm tastete ich mich vorsichtig von einem Felsen zum nächsten. Mir war bewusst, dass ein falscher Tritt uns beide in die Ewigkeit befördern könnte. Als ich nach drei qualvollen Stunden endlich unten ankam, sank ich völlig erschöpft zu Boden.

Die Nacht verbrachten wir im Camp einer Kavallerietruppe, die unablässig den *Highway* beobachtete. Das beseitigte meine letzten Zweifel, dass gegenüber den Apachen ständige Wachsamkeit nötig war. In den provisorischen Ställen stand kein einziges unverletztes Pferd. Die Indianer, erklärte man mir, schleichen sich im Schutze der Dunkelheit heran und feuern auf alles, was sich bewegt. Der diensthabende Offizier, der sich gerade von einer Schusswunde erholte, zeigte mir sein Zelt, das an mehreren Stellen von Kugeln durchlöchert war. Am nächsten Morgen fanden die Soldaten überall im Garten die Fußabdrücke von Mokassins. Sämtliche Gemüsebeete waren in dieser Nacht mutwillig zertrampelt worden. Damit war die Hoffnung dahin, in nächster Zeit frisches Gemüse zu ernten.

Die Ursache für all dieses Unheil, das muss man gerechterweise zugeben, ist die Art und Weise, wie wir mit den Indianern umspringen. Wollte man jedoch die unzähligen Siedler rächen, die im Westen bereits von Indianern ermordet wurden, dann würde vermutlich keine einzige Rothaut übrigbleiben. Auf unserer weiteren Reise verging keine Stunde, an der wir nicht an einem Steinhügel vorbeifuhren, der ein Grab markierte. Das bedrückte mich außerordentlich.

Eine kleine Abordnung eskortierte uns am nächsten Tag durch einen Cañon, der als besonders gefährlich galt. Zu ihrem Bedauern mussten sich die Soldaten danach von uns verabschieden, da sie ihren Posten nicht verlassen durften. In äußerst angespannter Stimmung fuhren wir weiter. Schon nach kurzem trafen wir einen Major der Achten Kavallerie mit einer Eskorte von sechszehn Mann. Er warnte uns eindringlich davor, den nächsten Cañon zu durchqueren. Dort sei auf sie geschossen worden. Mr. Boyd versicherte mir jedoch, Indianer würden nur angreifen, wenn sie sich ihres Sieges sicher wären. Wir versuchten daher, den Eindruck zu erwecken, dass in unserem Wagen bewaffnete Männer saßen. Mr. Boyd legte sein Gewehr griffbereit, zog die zwei Säbel aus ihrer Scheide und befestigte sie an den Seiten des Wagens. Im Dämmerlicht, so hoffte er, würde man sie für vier Gewehre halten. Ich hielt die eine Pistole in der Hand, Mr. Boyd die andere. Die zwei Soldaten, die uns begleiteten, zeigten deutlich sichtbar ihre Bayonette. Vermutlich hat uns dieser Eindruck von Kampfbereitschaft und Waffenstärke das Leben gerettet.

Der Cañon ging auf beiden Seiten so steil nach oben, dass es schien, als würden wir zwischen zwei Wänden hindurchfahren. Die Felsen bestanden aus jenem trügerischen Grau, mit dem ein Indianer verschmelzen kann, als sei er ein Teil davon. Auf mich wirkte das äußerst unheimlich und bedrohlich. Als wir langsam durch den Cañon fuhren, klopfte mir wild das Herz. Wir hatten schon ein ordentliches Stück zurückgelegt – und ich fühlte mich schon recht erleichtert - als plötzlich ein entsetzlicher Kriegsschrei ertönte. Er kam so unverhofft, dass er einzig und allein meiner Angst zu entspringen schien. Erst als weitere Schreie durch den Cañon gellten, hielt ich ihn nicht mehr für eine Illusion. Unwillkürlich schaute ich zu unserem kleinen Chinesen, der wie ein Häuflein Elend in der Ecke kauerte und zu meinem Baby, das nichtsahnend in seinem Körbchen schlummerte. Außer wildem Peitschenknallen hörte ich keinen Laut. Obwohl die Mulis förmlich dahinflogen, schien es mir, als bewegten sie sich im Schneckentempo. Meinem Gefühl nach dauerte es Jahre, bis dieser schreckliche Cañon endlich hinter uns lag. Selbst im offenen Gelände trieb Mr. Boyd die Mulis weiter voran, bis wir auf eine große Gesellschaft von Frachtfahrern stießen, die vor einem riesigen Feuer kampierten. Sie vermittelte mir das Gefühl von Kameradschaft und Sicherheit, das ich jetzt dringend brauchte. In dieser Nacht kroch ich unter einen Frachtwagen, da meine angegriffenen Nerven mich nicht ohne irgendeinen Schutz schlafen ließen. Meine letzten Gedanken galten den Männern, die morgen früh diesen Cañon passieren mussten.

Die Frachtfahrer verabschiedeten sich in der Morgendämmerung. Einer von ihnen trödelte jedoch noch lange herum, trotz Mr. Boyds eindringlicher Warnung, sich den anderen schleunigst anzuschließen. Es ist allgemein bekannt, dass diese Wilden tagelang im gleichen Versteck lauern. Ist ihnen ein Wagenzug entgangen, da die Insassen zu gut bewaffnet erschienen, so rächen sie sich grausam an irgendeinem Nachzügler. Wie die meisten Frachtfahrer war dieser junge Mann der Gefahr schon so oft entronnen, dass er leichtsinnig geworden war. Erst sehr viel später erfuhren wir, dass man seine grässlich verstümmelte Leiche genau an der Stelle fand, an der wir das furchterregende Kriegsgeschrei gehört hatten.

Unsere letzte Reiseetappe nach *Prescott* ging über flaches Land. Weitere Indianerattacken hatten wir daher nicht mehr zu befürchten. Prescott lag zwischen sanften Hügeln, umgeben von Bäumen, in einem höchst angenehmen Klima – weder zu heiß, noch zu kalt –, der ideale Wohnort, wie mir schien. Für die Offiziere standen drei Häuser zur Verfügung. Jedes Haus war in drei Zimmer unterteilt, alle bereits besetzt. Ein Offizier verzichtete jedoch zu unseren Gunsten auf sein Zimmer. Als die Damen der Garnison mich dann auch noch mit leckeren Speisen verwöhnten, fühlte ich mich rundherum glücklich und zufrieden. Umso größer war der Schock, als mein Mann mir am Abend eröffnete, er müsse gleich am nächsten Tag nach *Camp Date Creek* reisen, achtzig Meilen von hier entfernt. Da er jedoch glaubte, in ein paar Tagen wieder bei uns zu sein, blieb ich mit Mabel alleine zurück. Kaum war Mr. Boyd abgereist, da erschien der Oberinspektor mit ein paar Soldaten in meinem Ein-Zimmer-Appartement. Ohne weitere Angabe von Gründen stellten sie alles voll mit Gepäck. Damit blieb mir nichts anderes übrig, als in die angrenzende Küche umzuziehen, die ganz offenkundig schon seit Jahren nur noch als Rumpelkammer diente. Dort musste ich mir mein Bett zwischen zwei Fenstern mit zerbrochenen Scheiben einrichten. Ein alter Ofen spendete kaum Wärme, pustete aber dafür den gesamten Rauch in den winzigen Raum. Auf dem Boden verstreut fand ich alle Arten von Trödel – zwanzig Paar alte Stiefel, unzählige alte Schuhe, Hüte und Mäntel. Mein Küchenstuhl, den ich genau in die Mitte stellte, bildete den einzig sauberen Fleck.

Nach zehn Tagen

hatte ich von diesem Trödlerladen endgültig die Nase voll. Als der Garnisonsarzt nach *Camp Date Creek* beordert wurde, fuhr ich daher einfach mit. Von den düsteren Warnungen des Doktors – Camp Date Creek sei ein Malarianest, achtzig Prozent der dort stationierten Männer seien fieberkrank, die Hitze sei unerträglich, außerdem gäbe es jede Art von Ungeziefer – ließ ich mich nicht beirren. So langsam war ich es herzlich leid, ohne ein Zuhause zu existieren.

Wieder einmal zeigte sich: das Leben in der Armee ist in höchstem Grade ungewiss. Mr. Boyd hatte mit ein paar Tagen in Camp Date Creek gerechnet. Tatsächlich blieb er dort für ein ganzes Jahr stationiert. In den nächsten Monaten war ich im Umkreis von mindestens fünfzig Meilen die einzige Frau. Abgesehen von einem geruhsam dahinkriechenden Flüsschen gab es in dieser trostlos flachen Gegend nichts, was das Auge erfreute. Trotzdem hielt sich niemand lange am Fluss auf, da wir uns alle vor der Malaria fürchteten.

Jeder, der Arizona von Norden nach Süden oder umgekehrt durchquerte, kam unweigerlich in Camp Date Creek vorbei und kehrte bei mir ein. Selbst die Passagiere der Postkutsche musste ich bei längeren Wartezeiten mit etwas Essbarem versorgen. Die Leute einfach wegzuschicken, brachte ich nicht übers Herz. Allerdings war die Versorgungslage hier noch katastrophaler als in Nevada. Zum Glück legte jedes meiner fünf Bantam-Hühnchen zuverlässig jeden Tag ein Ei. Außerdem lernte ich rasch, mit erstaunlich wenigen Zutaten die köstlichsten Dinge zu zaubern. In meinem Haushalt beschäftigte ich einen Soldaten. Unglücklicherweise suchte der stets Trost in der Flasche, sobald ihm die Arbeit über den Kopf zu wachsen drohte. Danach blieb alles an mir hängen. Unser kleiner Chinese erwies sich dagegen als wahrer Goldschatz, denn es stellte sich heraus, dass er ausgezeichnet waschen und bügeln konnte.

Trotz all der Mühsal, die ich ertragen musste, fühlte ich mich in diesem Jahr sehr glücklich. Später habe ich mich darüber oft selbst gewundert, denn mein Leben war zu dieser Zeit alles andere als einfach. Unser Haus bestand aus Adobe-Ziegeln. Niemand hatte sich die Mühe gemacht, diese Lehmziegel von außen oder innen zu verputzen. Das bedeutete, dass sie in der trockenen Luft rasch zerbröckelten. Es bildeten sich Risse, Spalten und Löcher, die riesigen Tausendfüßlern, aber auch allem anderen Ungeziefer, einen ausgezeichneten Unterschlupf boten. Skorpione, giftige Spinnen und Klapperschlangen zogen ebenfalls bei uns ein. Auch bekamen wir öfter Besuch von einer Schlange harmloserer Art, die immer wieder mal ihren Kopf durch ein Loch im Holzboden streckte. An die allgegenwärtige Klapperschlange gewöhnte ich mich bald. Während meiner Armeezeit erschlug ich so viele von ihnen, dass ich später eine Sammlung der verschiedensten Klappern besaß. In Camp Date Creek litten wir vor allem unter Wespen, Stechmücken, Flöhen, Fliegen und Moskitos, die sich in Arizona scheinbar grenzenlos vermehrten. Obwohl uns die göttliche Vorsehung stets bei Begegnungen mit tödlichen Reptilien schützte, half uns absolut nichts gegen diese Plagegeister.

Die schlimmsten Erfahrungen machten wir jedoch stets während des Kampierens unter freiem Himmel. Schlägt man bei Dunkelheit ein Zelt auf, dann kann man fast darauf wetten, dass es direkt neben einer stattlichen Ansammlung winziger Kakteen steht – oder, weitaus schlimmer – in unmittelbarer Nachbarschaft eines gewaltigen Ameisenhügels. Die geschäftige Population eines solchen Hügels besteht aus einigen tausend Bewohnern, von denen sich jeder einzelne dazu veranlasst fühlt, höchstpersönlich gegen jeden Eindringling zu protestieren. In Kürze ist man dann von Kopf bis Fuß mit stechenden Ameisen bedeckt.

Das Land ringsum wirkte bei Tag genauso trostlos wie der klagende Ruf der Kojoten bei Nacht. Diese Tiere wurden bald so dreist, dass sie bis an die Haustür kamen. Eines Nachts verschleppten sie sogar unsere Schuhcreme. Diese Art von Leckerbissen schien jedoch nicht ihr Fall zu sein, denn am nächsten Tag entdeckten wir die Schuhcreme wieder nahe am Haus.

Weiter draußen, in der einsamen Prärie, gab es einen trostlosen kleinen Friedhof. Keiner der stillen Bewohner dieser Gräber war älter als dreiundzwanzig geworden. Und kein einziger war eines natürlichen Todes gestorben.

Einmal die Woche erwartete die Garnison Post. Durch die ständigen Indianerüberfälle wurde es immer unsicherer, ob sie uns auch erreichen würde. Eines Nachts wurde Mr. Boyd sehr spät durch den Wachposten aus dem Bett geholt. Von ihm erfuhr er, dass der Soldat, der die Post überbringen sollte, mit schlimmen Verletzungen eingetroffen sei. Seinen Kameraden habe er irgendwo tot zurücklassen müssen, die Post sei überall verstreut.

Ein paar Wochen später erschien bei uns ein Offizier mit seiner hochschwangeren Ehefrau und einem kranken Kleinkind. Vor allem der miserable Gesundheitszustand der jungen Frau erlaubte ihnen keine Weiterreise. Um diese Zeit gab es in der Garnison keinen Arzt. Als einzige Frau im Camp musste ich mich daher ohne jede Hilfe wochenlang um das kranke Kind und seine Mutter kümmern. Obwohl die Pflege meiner beiden Patienten eigentlich schon meine gesamte Kraft in Anspruch nahm, kam nach kurzem auch noch das Baby dazu. Bevor die Familie weiterreiste, musste ich auch noch dafür sorgen, dass das Baby etwas zum Anziehen hatte. Danach hätte ich eigentlich selbst einen Arzt gebraucht, ich fühlte mich nämlich völlig ausgelaugt. Leider erhielt ich für all meine Mühen noch nicht mal eine Zeile des Danks.

Als Armeefrau lernt man notgedrungen, sich in der Krankenpflege auszukennen. Im Laufe von achtzehn Jahren war ich auch fast jedes Jahr als Hebamme tätig. Leider stand ich in dieser Zeit mindestens genauso oft vor der traurigen Aufgabe, eine hübsche junge Frau für ihre letzte Ruhe herzurichten.

Unsere kleine Tochter war gerade elf Monate alt, als der Befehl eintraf, das gesamte Regiment müsse nach New-Mexico umziehen. Damit begann für uns mitten im Winter eine lange beschwerliche Reise. Kurz vor der Abreise weinte ich bitterlich. Zugegeben, Camp Date Creek hatte mir nicht allzu viel zu bieten. Trotzdem war es mein erstes richtiges Zuhause.

Lange bevor sich der erste Sonnenstrahl zeigte,

versuchte ich beim Frühstück ein paar Bissen hinunterzuwürgen. Dabei beobachtete ich leicht missmutig, wie unser Zelt samt Inhalt in dem riesigen Umzugswagen verschwand, während ich draußen im Freien in der eiskalten Luft bibberte. Danach kletterte ich mit Mabel in den Ambulanzwagen, in dem wir für viele Stunden ausharren mussten. Meist wurde ich erst nach einigen Meilen so richtig wach und warte danach sehnsüchtig auf das Mittagessen. Für mich war es das erste Mal, dass ich mit der Truppe reiste. Ich hasste diese morgendliche Routine, doch als Offiziersfrau lernt man rasch, sich ohne Murren ins Unvermeidliche zu fügen. Unser Captain, ein redlicher und freundlicher Mann, stand uns fast so nahe wie ein Familienmitglied. Er hatte jedoch schon so lange in der Armee gedient, dass ihm die Möglichkeit, von der üblichen Routine auch nur geringfügig abzuweichen, noch nicht einmal in den Sinn gekommen wäre. Meine Belohnung erhielt ich vom Captain in Form eines großen Lobs, als er erklärte, ich hätte während des gesamten ermüdenden, sechswöchigen Marsches nicht ein einziges Mal für Verzögerung gesorgt.

Auf unserer Reise durch Texas fuhren wir durch die Gebiete der Pima und Marikopa-Indianer. Diese beiden Stämme leben mit uns Bleichgesichtern schon seit hundert Jahren in Frieden. Sie kultivieren fleißig ihr Land, sind als Händler erfolgreich und fertigen geschmackvoll gemusterte Keramik und Körbe an. Wo auch immer wir unser Lager aufschlugen, umschwärmten sie uns in Scharen. Ich erwarb einen ihrer praktischen Körbe, die so fein gearbeitet sind, dass sich sogar Wasser darin hält.

Die Frauen drängten sich jede Nacht in unser Zelt und gerieten in wahre Verzückung über das hellhäutige Baby. Mabel wurde jeden Abend gründlich gewaschen. Damit sorgte sie bei ihrem Publikum für großes Erstaunen, denn Indianer benützen Wasser nur selten zu etwas anderem als zum Trinken.

Unser kleiner Chinese erregte mit seinem langen Zopf ebenfalls ihre Neugier. Die Damen fingen an zu kichern und rätselten, was er denn nun eigentlich sei. Vermutlich war das der Anlass dafür, dass unser Chinese eines schönen Tages ohne jenes Anhängsel erschien, das von allen Chinesen in Ehren gehalten wird – der lange Zopf. Als ich mich erkundigte, was aus ihm geworden sei, und ihn fragte, ob es ihm bewusst sei, dass er ohne Zopf nie mehr nach China zurückkehren könne, antwortete er: »Mil ist egal, will jetzt ‚Melikaner' sein.«

In Tucson war unter den Mexikanern eine Pockenepidemie ausgebrochen. Da Mr. Boyd aus Erfahrung wusste, dass die Gefahr einer Ansteckung die Soldaten nicht vom Besuch eines Saloons abhält, befahl er den sofortigen Weitermarsch. Die Truppe war darüber gar nicht begeistert, dennoch ließen wir diesen Ort schleunigst hinter uns. Auf der weiteren Fahrt durch trostlos weites unbewohntes Land kamen jetzt wieder des Öfteren einsame Gräber in Sicht. Mit unserer Eskorte von fünfzig berittenen Soldaten mussten wir diesmal jedoch nicht befürchten, ein Opfer grausamer Apachen zu werden. Wann immer wir eine Poststation erreichten, hielten wir für eine längere Rast. Hier beobachtete ich in der Regel ein Ehepaar, das gemeinsam diese Station betrieb. Den abgehärmten Gesichtern der Frauen sah man meist an, dass sie bei Tag und Nacht wie die Mulis schufteten. Sie hatten mein vollstes Mitgefühl. Im Vergleich mit solch einem harten Leben war ich plötzlich wieder dankbar für mein eigenes Schicksal.

Unser nächstes Ziel hieß *Camp Bowie*. Es lag inmitten hoher Felswände. In diesem seltsamen, kleinen Camp im Herzen dieser Bergeinöde wohnten nicht nur Soldaten, sondern auch Frauen und Kinder in größerer Zahl. Auf den schroffen Felsen hoch über dem Camp erschienen des Öfteren Indianer. Da ihre Kugeln, die sie blindlings von dort oben abfeuerten, gelegentlich ihr Ziel trafen, stand das gesamte Camp unter ständiger Beobachtung. Trotz aller Wachsamkeit schlich sich eines Nachts ein Indianer in die Ställe, schwang sich auf den Rücken eines Kavalleriepferds, stieß ein Triumphgeheul aus und verschwand mit seiner Beute.

Wie üblich hieß man uns hier herzlich willkommen. Der Arzt des Camps überließ uns sein Quartier. Dafür war ich ihm sehr dankbar, vor allem da wir bald einen jener schrecklichen Stürme erlebten, bei denen alles im Sand versinkt. Unser Wohnquartier bestand aus unbehauenen Baumstämmen. Daher wehte der Sand überall herein, durch jeden Spalt und jede noch so kleine Ritze. Offiziere haben die Angewohnheit, ihr Quartier schöner zu gestalten. Unser Freund, der Doktor, bildete da keine Ausnahme. Die mit Lehm verputzte Zimmerdecke war mit ungebleichten Baumwolltüchern verhängt. Von den Dachbalken hingen Regale, die meisten mit Büchern überladen. Ein Regal über dem offenen Kamin war mit Flaschen jeder Größe und Form vollgestellt. In diesen Flaschen befand sich jede Art von Ungeziefer und jedes Reptil, das sich in diesem Landstrich finden lässt. Wären wir nicht längst an solche Anblicke gewöhnt gewesen, dann hätte uns diese Sammlung vermutlich schockiert. Sie enthielt Tausendfüßler, Skorpione, hässliche schwarze Taranteln und absolut jede in Arizona heimische Schlange, sofern sie von der Größe her noch in eine Flasche passte. Dem Kaminsims gereichten diese Scheußlichkeiten nicht unbedingt zur Zierde, aber sie störten uns auch nicht sonderlich. In der zweiten Nacht gingen wir früh zu Bett, völlig ermattet vom endlosen Kampf gegen den allgegenwärtigen Sand. Ein mächtiger Schlag riss uns so plötzlich aus dem tiefsten Schlaf, dass wir zuerst dachten, das Ende der Welt sei gekommen. Doch bald fanden wir heraus, dass das Regal mit sämtlichen Flaschen auf den Boden gekracht war. Der Anblick, der sich uns bot, lässt sich kaum beschreiben. Überall Glasscherben und dazwischen, wild verstreut, die grässlichen ‚Bewohner' dieser Flaschen. In dieser Nacht fand ich das gar nicht lustig, erst später sah ich die Komik darin.

Bei Fort Selden erhaschte ich den ersten Blick auf den Rio Grande. Wer diesen trügerischen Fluss überquert, sollte das mit äußerster Vorsicht tun. Scheinbar völlig lustlos strömt er dahin, doch wilde Strudel reißen immer wieder Ambulanzwagen samt Insassen und Mulis in den Tod.

Nach dem Rio Grande fuhren wir durch die wunderschönen Kiefernwälder von Lincoln County, New Mexico. Für eine Nacht kampierten wir in den *White Sands*. Weiße Sandhügel erstreckten sich soweit das Auge reichte. Diese Hügel existieren wohl schon seit ewigen Zeiten. Ich hoffe nur, das bleibt auch so. Es wäre jammerschade, sollte diese weiße Pracht eines Tages kommerziell ausgebeutet werden. Ich bin jedenfalls froh, diese weißen Sandhügel noch in ihrer ursprünglichen Schönheit erlebt zu haben.

Fort Stanton

bot uns alles, was das Leben erfreulich macht. Auch gab es hier für meine Küche jede Art von Fisch, Geflügel oder Wild. Das Klima war perfekt, die Luft so rein, dass ich mich jeden Tag völlig erholt fühlte. Vor allem aber genoss ich die Gesellschaft anderer Offiziersfrauen. Gemeinsam unternahmen wir Ausflüge, organisierten Spiele- oder Tanzabende. Einmal ging ich mit Mr. Boyd zu einem Ball, obwohl draußen solch ein heftiger Sturm tobte, dass wir es kaum wagten, den Paradeplatz zu überqueren. Unser Wunsch am

Abb.6 Fort Stanton

Tanzvergnügen teilzunehmen war jedoch so stark, dass wir es trotzdem versuchten. Als es uns in den Tanzsaal im wahrsten Sinne des Wortes hineinwehte, stellten wir verblüfft fest, dass auch unsere sämtlichen Freunde dem Sturm getrotzt hatten. Die Gesellschaft, die hier bereits versammelt war, bestand nicht nur aus Offizieren samt Ehefrauen, auch sämtliche Pioniere der Umgebung (verheiratet oder nicht) hatten sich auf den oft weiten Weg zu uns gemacht. Über solch eine bunt gemischte Veranstaltung hätte man in New York nur verächtlich die Nase gerümpft. Es gab hier nämlich auf der einen Seite die Offiziere, wie üblich korrekt gekleidet in ihrer Uniform, mit ihren Ehefrauen, herausgeputzt im hübschen Ballkleid, und auf der anderen Seite unsere Freunde, die Pioniere (Männlein wie Weiblein), meist in grotesker Kleidung und im Benehmen leicht ungehobelt. Aber das störte keinen von uns, denn dazu hatten wir alle miteinander viel zu viel Spaß. Die laute Musik, die vielen stampfenden Füße und das wilde Heulen des Sturms, das alles stimulierte unsere Nerven schon genug. Die Aufregung verstärkte sich noch, als wir plötzlich ein lautes Krachen hörten. In höchstem Alarm rannte alles nach draußen. Dort stellten wir fest, dass unser hoher Flaggenmast in unzählige Fragmente zersplittert auf dem Paradeplatz lag. Dabei hatte es die Soldaten so unendlich viel Zeit und Mühe gekostet, ihn aufzustellen. Jetzt musste die Armee wohl für lange Zeit ohne Flaggenmast auskommen, denn hohe Tannen, die dafür in Frage kämen, fand man nur im Nordwesten der USA.

Lincoln County galt leider auch als berüchtigter Tummelplatz für Desperados. Wann immer ich alleine zuhause war, fühlte ich mich daher äußerst angespannt. Wie früher als kleines Mädchen blickte ich deshalb unters Bett, bevor ich mich zur Ruhe legte. Als ich einmal gerade am Einschlummern war, kam plötzlich ein Soldat ins Schlafzimmer. Obwohl mir fast das Herz stehen blieb, rief ich laut: »Was machen Sie hier? Verlassen Sie sofort mein Haus.« Der Mann verschwand augenblicklich. Ich sprang aus dem Bett und stellte fest, dass weder im Kinderzimmer noch in der Küche irgendjemand zu erreichen war. Am nächsten Tag fand ich den Schuldigen unter hundert Soldaten heraus. Ich bat jedoch darum, ihn von Strafe zu verschonen, da ich hörte, er sei nur betrunken gewesen.

Unsere kleine Mabel entwickelte sich prächtig. Sie bekam von jedermann im Fort so viel Aufmerksamkeit, dass sie mit 15 Monaten bereits sprechen konnte. Kam einer der Offiziere von Patrouille zurück, erstattete er zuerst seinem Vorgesetzten Meldung. Doch gleich im Anschluss erschien er bei uns, um sich nach dem Baby zu erkundigen. Leider war Mabel auch recht unternehmungslustig und oft auf eigenen Pfaden unterwegs. Bei einem ihrer Ausflüge stolperte sie und fiel direkt in einen Kaktus. Mir schien es, als hätte dieser Kaktus mehr als die übliche Anzahl an Stacheln. Ihre kleinen Knie waren damit übersät. Ich brauchte Tage, bis ich den letzten herausgezogen hatte.

Nichts macht im Südwesten so viel Ärger, wie die Kaktee. Man begegnet ihr grundsätzlich überall, von der winzigen Kugelform bis zum gewaltigen Orgelpfeifenkaktus. Selbst in Regionen, in denen absolut nichts anderes mehr wächst, gedeiht dieses unerfreuliche Gewächs bestens. Je trostloser, ausgedörrter und unfruchtbarer der Boden ist, umso sicherer kann man sein, dass dort der Kaktus seine Bajonett-Arme entfaltet. Obwohl es mindesten fünfzig Arten von Kakteen gibt, haben sie alle miteinander eines gemeinsam: nadeldünne, spitze Stacheln. Schön anzusehen sind Kakteen eigentlich nur im Frühjahr, wenn sich ein buntes Blütenmeer entfaltet. Nach der am häufigsten vorkommenden Art muss man nicht lange suchen. Diese niedrig-wachsende Spezies säumt jede Straße und bedeckt die gesamte Prärie. Sie ist sehr nahrhaft und wird daher oft als Futter fürs Vieh genutzt. Vorher muss man sich allerdings die Mühe machen, jeden einzelnen Stachel abzubrennen. Der Kaktus versorgt die Mexikaner mit einem Schnaps, den sie *Mescal* nennen. Sie sammeln aber auch eifrig eine Frucht, die entfernt nach Erdbeere schmeckt.

Meiner Gesundheit wegen,

musste ich *Fort Stanton* verlassen und nach New York fahren. Mr. Boyd begleitete uns auf den ersten fünfhundert Meilen bis Denver. Danach reiste ich mit meiner kleinen Tochter alleine weiter. Zwei Tage und Nächte rollten wir im Zug über die endlose Prärie. Abwechslung bot sich nur selten, wenn etwa eine Herde Büffel auftauchte. Mabel genoss jeden Augenblick dieser langen Fahrt. Daran gewöhnt, dass ihr alle Menschen freundlich gesonnen waren, marschierte sie von einem Ende des Abteils zum anderen und hielt mit jedem einen Schwatz.

Bei meinem Bruder verbrachten wir ein paar wunderschöne Tage in Chicago. Danach setzten wir uns wieder in den Zug, mit dem wir, nach einer weiteren Fahrt von zwanzig Stunden, endlich meine Heimatstadt erreichten. Mein erster Besuch in New York galt dem Hotel in der Fifth Avenue. Wann immer mich irgendwo im Westen das Heimweh geplagt hatte, musste ich mir nur dieses Hotel vorstellen und schon stiegen glückliche Erinnerungen an meine Kindheit in mir auf. Jetzt hatte ich mir den Wunsch erfüllt, es wieder einmal mit eigenen Augen zu sehen und empfand bei seinem Anblick nichts als Enttäuschung. Dafür fühlte ich plötzlich eine unglaublich intensive (und für mich selbst überraschende) Sehnsucht nach New Mexiko. Natürlich gab es ein höchst erfreuliches Wiedersehen mit meinen Eltern und Geschwistern sowie mit all meinen Freundinnen von früher. Sie alle wunderten sich über die schwärmerische Beschreibung meines Lebens im Westen. Tatsächlich sah ich nicht unbedingt wie das blühende Leben aus. Da ich völlig abgemagert war und mit ständiger Müdigkeit zu kämpfen hatte, musste ich für die nächsten drei Monate in ärztliche Behandlung. Bald störte mich das hektische Treiben, das scheinbar unausweichlich zum Leben in einer großen Stadt gehört. Um meiner Gesundheit willen, aber auch, um etwas sparsamer leben zu können, zog ich mit Mabel zu meinen Schwiegereltern aufs Land. Kurz bevor unser zweites Kind geboren wurde, ließ sich Mr. Boyd beurlauben und kam aus New Mexiko angereist. Die Geburt unseres Sohnes James feierte er so ausgelassen, wie er es auch in der Armee getan hätte. Seine puritanisch eingestellten Eltern zeigten sich jedoch über derartige Ausschweifungen höchst entsetzt. Sie nützten die Gelegenheit, ihrem Sohn gehörig ins Gewissen zu reden. Seinem Vater musste er geloben, sich in Zukunft vom Alkohol völlig fern zu halten. Für solch ein Gelübde bestand gar kein Anlass, denn Mr. Boyd hatte noch nie übermäßig getrunken. Da es seinem Vater jedoch so sehr am Herzen lag, versprach Mr. Boyd es hoch und heilig. Unser Sohn war zehn Jahre alt, als er das nächste Mal Alkohol trank. Und das auch nur auf ausdrückliche Anordnung seines Arztes.

Im Frühjahr 1871 fuhren wir nach New Mexiko zurück. Ursprünglich hatten wir geplant, noch für einige Zeit in New York zu bleiben. Verwandte hatten uns in ihr Haus eingeladen und die Aussicht auf Theaterbesuche und Tanzparties begeisterte uns sehr. Schließlich waren wir damals noch recht jung. Als wir jedoch unser Budget durchrechneten, kam schnell die Ernüchterung. Selbst ohne Wohnkosten konnten wir uns ein Leben in New York nicht leisten. Mit der Reise meines Mannes in den Osten waren unsere mageren Ersparnisse fast aufgebraucht. Tatsächlich hatten wir jetzt schon Schulden. Damals machte man es einem Offizier, der im Westen stationiert war, fast unmöglich, seine Eltern, Geschwister oder Freunde zu besuchen. Wer dennoch auf dem verständlichen Wunsch beharrte, wenigstens alle paar Jahre einmal in den Osten zu reisen, der musste sich wohl oder übel in Schulden stürzen. Für private Reisen dieser Art kam die Armee nicht auf.

Eine Kusine vermittelte uns eine junge Frau, die tatsächlich bereit war, mit uns als Kindermädchen in den Westen zu fahren. Sie hatte zwar das Gesicht und das männlich forsche Auftreten eines Grenadiers, doch gerade dafür gratulierten wir uns insgeheim. Eine Frau, die so wenig anziehend wirkte, würde doch wohl nicht so schnell einen Ehemann finden. Im festen Vertrauen darauf, schlossen wir einen Vertrag über ein ganzes Jahr. Mit der Unterstützung meines Mannes und des Kindermädchens verlief die gesamte Reise für mich relativ ereignislos. Mr. Boyd war inzwischen nach *Fort Union* beordert worden, daher kehrten wir nicht mehr nach Fort Stanton zurück. Als wir nach Wochen unsere Koffer öffneten, erlebten wir eine böse Überraschung. Man hatte sie wohl irgendwo im Regen stehen lassen. Jetzt war alles mit Wasser vollgesogen und verschimmelt. Unser Kindermädchen weinte bitterlich um ihre schönen Kleider. Obwohl auch meine gesamte Kleidung völlig ruiniert war, versuchte ich sie zu trösten. In *Fort Union* angekommen, blickte sie um sich, sah weit und breit nur ödes flaches Land und erklärte mir, New York sei ihr bei weitem lieber. Ich fühlte zuerst noch große Sympathie mit ihr. Ich wusste, wie man reagiert, wenn man mit starkem Heimweh zu kämpfen hat. Das ewige Jammern hörte jedoch nicht

Abb. 7 Fort Union

mehr auf. Sie hatte an allem etwas auszusetzen. Da Mr. Boyd schon bald darauf zu einer Kavallerietruppe beordert wurde, blieb ich mit dem ewig nörgelnden Kindermädchen alleine zurück. Sie war keine große Hilfe, dafür machte sie mein Leben auf jede erdenkliche Art nur noch schwieriger. Bis zum Herbst war ich schon wieder völlig abgemagert und fühlte mich ständig kraftlos und schlapp.

In einem Punkt hatten wir uns gründlich getäuscht. Ob eine Frau alt oder hässlich ist, spielt in diesem Landstrich überhaupt keine

Rolle. Da Frauen hier so rar sind, dauerte es nicht lange, bis heirats-
willige Männer unser Kindermädchen umschwärmten, wie die Mot-
ten das Licht. Sie war noch keine drei Tage im Fort, da machte ihr
der Soldat, der unsere Teppiche verlegte, einen Heiratsantrag. Sie
merkte rasch, welch hohen Stellenwert sie hier unter all den vielen
Männern hatte. Als ihr zu Ohren kam, ihr Verehrer würde trinken,
gab sie ihm sofort den Laufpass. Der Mann, für den sie sich schließlich entschied, muss wohl in jeder Hinsicht tollkühn gewesen sein.
Gerade erst von einer langen Patrouille im Indianergebiet zurückgekehrt, war ihm zu Ohren gekommen, dass in Fort Union ein Mädchen aus New York angekommen sei. Wohl im Vertrauen auf das
Motto *Frechheit siegt*, reiste er sofort aus Las Vegas mit einer Hoch-
zeitskutsche an. So viel Draufgängertum muss ihr wohl imponiert
haben, denn drei Tage nach seiner Ankunft fuhr sie mit ihm in dieser
Kutsche weg. Ich fragte mich nur, wieso sie glaubte, durch diese
Heirat ihre Situation entscheidend zu verbessern. Der einfache Soldat kann seiner Frau oft noch nicht einmal die primitivste Unterkunft bieten. Ohne ausdrückliche Erlaubnis seines Vorgesetzten
darf sie noch nicht einmal in der Garnison wohnen. Ich war jedoch
herzlich froh, sie endlich los zu sein. Mit Freuden stellte ich in meinem Haushalt wieder einen Soldaten ein.

Mit großer Freude

hießen wir die Truppen willkommen, als sie von ihrer langen Patrouille im Indianergebiet zurückkehrten. Ohne sie war das Leben doch recht eintönig. Manch lustige Geschichte hatten sie zu erzählen, z.b. die Episode, als Indianer eines Nachts in ihr Camp eingedrungen waren. Offenkundig hatte niemand mehr Zeit gefunden, auch nur in ein paar Hausschuhe zu schlüpfen. Barfuß und im Nachthemd mussten sie nach draußen stürzen. Nachdem sie die Indianer erfolgreich vertrieben hatten, amüsierten sich alle köstlich über den lächerlichen Anblick, den sie einander boten. Gerade hatten sie noch ums nackte Leben gekämpft, danach erschien ihnen die Angelegenheit nur noch als komischer Zwischenfall. Natürlich lachte auch ich über Anekdoten dieser Art. Es zeigte mir allerdings wieder einmal deutlich, in welcher Gefahr die Männer tagtäglich schwebten.

Mit Mr. Boyds Rückkehr nahmen wir unsere täglichen Ausritte wieder auf. Eines Tages begegneten wir, drei Meilen von zuhause entfernt, zwei höchst verdächtigen Gestalten. Schon ihr abstoßendes Äußeres warnte uns, die beiden Männer so lange nicht aus den Augen zu lassen, bis sie über den nächsten Hügel verschwunden waren. Mr. Boyd hatte sich im Sattel umgedreht. Seine Hand lag unmissverständlich am Griff seiner Pistole.

Als wir zum Fort zurückkehrten, wartete dort eine schockierende Nachricht auf uns. Der Bote, der seit zehn Jahren die Post zwischen der Garnison und dem Waffenarsenal beförderte, war eine Meile außerhalb des Forts erschossen worden. Seine Mörder hatten es auf das Pferd abgesehen, das sich jedoch nicht einfangen ließ und in Richtung Arsenal davongaloppierte. Sofort ritt ein Suchtrupp los und überwältigte die Pferdediebe noch in Sichtweite ihres Opfers. Als sich Mr. Boyd die beiden ansah, war er nicht sonderlich überrascht, dass es sich um genau die Männer handelte, die wir nur wenige Stunden zuvor in den Bergen gesehen hatten. Wäre Mr. Boyd nicht sichtbar gut bewaffnet gewesen, hätten auch wir beide, unserer schönen Pferde wegen, die Opfer sein können.

Am Abend verlangte der Sheriff die Gefangenen. Den Halunken war völlig klar, dass man sie außerhalb des Forts lynchen würde. Vergeblich bettelten sie darum, nicht ausgeliefert zu werden, doch auf Mr. Boyds Mitleid durften sie in diesem Fall nicht hoffen. Außerhalb des militärischen Bereichs wartete bereits eine höchst entschlossene Menschenmenge. Der Sheriff ließ sich ohne nennenswerten Widerstand überwältigen, danach wurden die beiden unverzüglich am nächsten Telegrafenmasten aufgehängt. Ihre Körper ließ man tagelang dort baumeln, als deutliche Warnung an alle Pferdediebe, die auch vor Mord nicht zurückschrecken.

***

Das nächste Frühjahr kam und brachte den unvermeidlichen Umzug mit sich. Dieses Mal lautete der Befehl an Mr. Boyd, sich augenblicklich nach *Fort Bayard* zu begeben. Dort sollte er den Bau neuer Häuser für die Offiziere beaufsichtigen. Er verheimlichte die Nachricht zunächst vor mir, da ich gerade mitten in den Vorbereitungen für einen Tanzabend bei uns zuhause steckte. Nichts sollte mir die Freude auf diesen Abend vermiesen. Den ganzen Tag hatte ich damit verbracht das Haus zu schmücken und ein kleines Festmahl vorzubereiten. Leider dämpfte gleich der erste Gast meine gute Laune, als er voll Mitleid sagte: »Ist es nicht jammerschade, dass ihr von hier wegziehen müsst?«

Fort Bayard lag sechshundert Meilen südwestlich von Fort Union. Die Reise im Ambulanzwagen war wie üblich mühselig und langwierig. Mit seinen neun Monaten war James jetzt gerade in dem Alter, in dem er ständig quengelte. Dieses Mal hatte ich keinerlei Hilfe mit meinen beiden Kindern. Es ging mir trotzdem immer noch viel besser als der Offiziersfrau, der ich später in Texas begegnete. Sie erzählte mir von einer Reise vom äußersten Norden New Mexikos in den südlichsten Teil von Texas, die insgesamt fast vier Monate dauerte. Unterwegs kamen neun Babys zur Welt, jedoch in jedem einzelnen Fall mussten die Mutter und ihr Neugeborenes gleich am nächsten Tag die Reise fortsetzen.

Da es zum Kampieren im Freien immer noch zu kalt war, übernachteten wir bei mexikanischen Familien. In ihren fensterlosen Häusern war es stets gemütlich und warm. Öffnungen in der Hauswand ließen tagsüber etwas Luft herein, bei Nacht waren sie mit hölzernen Fensterläden dicht verschlossen. In einem merkwürdig geformten Innenraum standen mehrere Betten entlang der Wand. Außer einem Waschständer gab es kein weiteres Mobiliar. Grundsätzlich brannte in jedem Haus ein Feuer aus Mesquite-Wurzeln. Sie gaben viel Hitze ab und verströmten einen höchst merkwürdigen Geruch, den ich nie mehr vergaß.

Beim Essen langten wir stets kräftig zu, denn nach einem langen, anstrengenden Tag an der frischen Luft ist niemand mehr sehr mäkelig. Die mexikanische Küche wird von vielen abgelehnt, da sämtliche Gerichte stets mit viel Knoblauch gewürzt, in Öl getränkt und mit rotem Pfeffer überflutet sind.

Das Maismehl für ihre einzigartig luftigen Tortillas stellten sie damals noch auf eine höchst primitive Art und Weise her. Zuerst wurde der Mais von Hand zwischen zwei Steinen zerrieben. Danach mischte die Köchin das Mehl mit Wasser und verarbeitete es mit geübten Händen zu den köstlichsten Tortillas.

Fort Bayard

hieß unsere nächste Station. In der Umgebung gab es überall
Gold- und Silberminen, weshalb die neu erbaute Stadt in der Nähe
auch Silver City hieß. Den herrlichen Blick auf die Santa Rita Moun-
tains genoss ich sehr, doch zum Wohnen erwartete uns hier leider
nur eine Siedlung aus armseligen Blockhütten. Das Wetter war meist
ideal, weder zu heiß, noch zu kalt. Allerdings sammelten sich im
Sommer am späten Nachmittag oft plötzlich Wolken, denen hef-
tigste Gewitterschauer folgten. Sobald sie sich ausgetobt hatten,
blieb am Himmel nicht einmal mehr das kleinste Wölkchen zurück.
Der Tag endete dann mit einem großartigen Sonnenuntergang, auf
den eine ruhige Nacht folgte. Der geringste Lufthauch wirbelte in
dieser Gegend losen Sand auf, der sich dann auf der Rückseite unserer Hütte wieder auftürmte. Bei diesen sintflutartigen Wolkenbrü-
chen schoss das Wasser vom nächsten Hügel herab, vermischte sich
mit dem Sand und rauschte anschließend als Flut aus Wasser, Sand
und Schlamm mitten durch unser Wohnzimmer hindurch. Damit sie
nicht die gesamte Hütte mit sich riss, öffneten wir ihr lieber die Hin-
tertür und ließen sie zur Haustür wieder hinaus. Um einem
Schlammbad zu entgehen, rettete sich jeder von uns auf den nächstbesten Tisch oder Stuhl. Dort standen wir mit unseren Regenschir-
men in der Hand, denn das miserabel abgedeckte Dach aus Lehm
und Stroh hielt den Regen kein bisschen ab. In der Siedlung krachte
gelegentlich solch ein Dach herab, doch zum Glück wurde dabei nie
jemand ernsthaft verletzt.

Bei unserer Ankunft waren die Fundamente aus Stein für die
neuen Häuser bereits gelegt. Für den Bau der Häuser hatte die Armee mexikanische Arbeiter engagiert, die diese Lehmhäuser auf die
gleiche Art und Weise bauten, wie ihre Vorfahren seit vielen Generationen. Ihr Baumaterial, den Lehm, hoben sie direkt vor unseren
Hütten aus und vermischten ihn mit Wasser. Diese Mischung press-
ten sie in hölzerne Formen und ließen sie in der Sonne trocknen. Dabei ging alles höchst geruhsam vor sich, denn das Wort ‚Eile‘ war in

diesem Landstrich völlig unbekannt. Es dauerte daher fast ein ganzes Jahr bis die schlichten Häuser endlich standen. In der Zwischenzeit hausten wir in diesen erbärmlichen Hütten, die wir bei Nacht noch nicht einmal verlassen konnten, da wir befürchten mussten, in einer der zahlreichen Baugruben zu landen.

Insgesamt blieben wir für ganze drei Jahre in dieser Ecke im äußersten Südwesten von New Mexico. Als wir uns schon etwas eingewöhnt hatten, erschien ein frisch vermähltes Paar im Fort. Der junge Mann kam direkt aus West Point, die Ehefrau war aus New York angereist. Dieser jungen Offiziersfrau ging es genau wie mir zu Beginn meiner Ehe. Auch ich hatte damals nur West Point gekannt und fest damit gerechnet, dass sämtliche Militärstationen im Westen ähnlich gut ausgestattet sein müssten. Auf Grund dieses Irrtums brachte die junge Frau aus New York die luxuriöseste Brautausstattung mit, die man jemals im Grenzland gesehen hatte. Bald bedeckten teuerste Teppiche den Lehmboden, schneeweiße Gardinen hingen an den Fenstern, wertvolle Bilder schmückten die Wände. Leider machte der erste Gewittersturm, der durch die Hütte fegte, kurzen Prozess mit all der märchenhaften Pracht. Noch heute sehe ich das bestürzte Gesicht der jungen Braut vor mir. Sie tat mir aufrichtig leid. Ein gutes Dutzend riesiger Koffertruhen bereiteten ihr als nächstes Probleme. Irgendwann musste sie froh sein, überhaupt einen Platz dafür zu finden. Der gesamte Inhalt an wunderschönen Kleidern sah nicht ein einziges Mal das Tageslicht. Die junge Frau war seit Kindertagen an ein Leben im Luxus gewöhnt. Bei ihr zuhause gab es selbstverständlich Dienstboten für alles und jedes. Ihre Eltern erfüllten ihr außerdem jeden Wunsch. Hier im Westen nützte ihr jedoch das gesamte Geld ihres Vaters überhaupt nichts. Als sie ein Jahr später Mutter wurde, suchte sie in der mexikanischen Nachbarschaft vergeblich nach einem Kindermädchen, obwohl sie fünfzig Dollar pro Woche anbot. Natürlich halfen ihr sämtliche Offiziersfrauen im Fort, aber das tröstete sie nicht darüber hinweg, ohne eigenes Personal leben zu müssen. Wir liebten die Einladungen in ihr Haus, wussten aber, dass unsere Gastgeberin für ihre aufwändige Vorbereitung tagelang alleine in der Küche stand. Gelegentlich fand sie eine mexikanische Köchin. Die erkannte jedoch rasch, dass sie von Küchenarbeit keine blasse Ahnung hatte und nützte das schamlos aus. Nach einem Jahr hatte die junge Frau vom Armeeleben die Nase voll. Sie überredete ihren Mann zu kündigen und fuhr mit ihm zurück nach New York.

Die junge Braut hatte immer mal wieder den Versuch unternommen, den einen oder anderen Luxusartikel aus New York zu bestellen. Obwohl sie jedes Mal lange darauf warten musste, war die Enttäuschung stets groß. Leider ließ ich mir das keine Warnung sein. Ich brauchte nämlich dringend einen Sonnenhut. Er musste gar nichts Besonderes sein, nur ein einfacher schwarzer Hut, ohne irgendwelchen Firlefanz. Nach monatelangem Warten kam er dann – ein schillernd buntes Meisterstück der Hutmacherkunst. In New York hätte ich damit auf jeder Operngala geglänzt. Für das Leben in einem staubigen Fort taugte er leider nicht. Zwanzig Dollar (plus zweiundzwanzig Dollar Express-Gebühr) hatte er mich gekostet. Eine Menge Geld für einen Hut, der augenblicklich im Koffer verschwand.

Da wir so lange in Fort Bayard stationiert waren, hatten wir in Silver City einen großen Freundeskreis. Der bestand aus jedem Repräsentanten der amerikanischen Gesellschaft. Die Heimat der einen war der Osten. Sie stammten aus begüterten Familien, waren gebildet und kultiviert und hatten schon einiges von der Welt gesehen. Die anderen kannten nichts als den Westen, hielten jede Art von Bildung für absolut überflüssig und hätten woanders als höchst unzivilisiert gegolten. Trotzdem hielt sich jede Gruppe für die Quintessenz in punkto Wissen und guter Kinderstube.

Wir wurden häufig auf Bälle eingeladen. Die fanden stets im Gerichtssaal statt, denn nur dieser große Raum bot ausreichend Platz. Eine Stunde vor dem Tanzvergnügen wurden ganz einfach die Bänke weggeräumt. Danach fegten hübsche Kleider über den rauen Holzboden, der vermutlich seit Wochen keinen Besen mehr gesehen hatte. Auf den Fensterbänken standen die üblichen Utensilien der Rechtsprechung: Papier, Federn und Tinte. Dazwischen lagen unsere Hüte und Schals. Missgeschicke blieben dabei natürlich nicht aus. Noch heutzutage liegt in meinem Schrank ein wunderschöner Schal mit Tintenspritzern.

Unsere Freunde aus Silver City erschienen oft unangekündigt auf Besuch. Der Soldat, der als Koch für mich arbeitete, hasste diese Partys. Er zeigte sein Missfallen deutlich, indem er sich freizügig an ‚starkem Wasser‘ gütlich tat. Eines Tages torkelte er herein und verkündete vor unserem Besuch, der auf ein Abendessen wartete, er sei kein Sklave, noch hätte man ihn als Hotelkoch angestellt. Diese freie Art der Meinungsäußerung löste hier kein großes Erstaunen aus. Alles lachte und niemand war schockiert, als es an diesem Abend nur Brot mit Butter und Milch gab.

Zu dieser Zeit besaß ich zwei ausgezeichnete Milchkühe, die mir den Luxus ermöglichten, bei Tisch frische Butter anzubieten. Meine Hühner vermehrten sich stetig, sodass ich sämtliche Offiziersfamilien mit Eiern versorgen konnte. Vom Erlös der Eier legte ich jeden Monat fünfzig Dollar beiseite, denn wir beglichen immer noch die Schulden, die von unserem einzigen Besuch im Osten herrührten.

Wenn ich auf die Zeit in Fort Bayard zurückblicke, erinnere ich mich nur an Sonne und frische Luft. Unsere Kinder, Mabel und James, wuchsen und gediehen wie die Wildblumen. Sie waren in diesen drei Jahren nicht ein einziges Mal krank. Selbst von den Masern blieben sie verschont.

Nach drei glücklichen Jahren

kam der unvermeidliche Befehl zum Umzug nach *Fort Clark*. Weihnachten feierten wir daher unterwegs im Camp. Noch nie zuvor hatten wir so viel Grund zum Feiern gehabt, denn um ein Haar wäre es für meine beiden Kinder und mich das letzte Weihnachten gewesen. Der Rio Grande, den wir überqueren mussten, wäre uns fast zum Verhängnis geworden. Eine Brücke gab es nicht, nur ein primitives Floß, auf dem der Ambulanzwagen samt Mulis auf die andere Flussseite gezogen wurde. Während ich mit den Kindern im Wagen saß und die gewaltigen Fluten beobachtete, die majestätisch an uns vorbeirollten, pfiff auf der anderen Seite ein Offizier nach seinem Hund. Die Mulis verstanden diesen Pfiff als Anweisung, sich vorwärts zu bewegen. Die beiden vorderen Mulis standen bereits am Rand des Floßes, als zum Glück jemand die gefährliche Situation erkannte und sie am Kopfriemen festhielt. Eine Sekunde später, ein weiterer Schritt – und wir drei wären mitsamt dem Ambulanzwagen im reißenden Fluss gelandet. Das alles geschah so überraschend, dass mir die Rettung vor dem Ertrinken fast wie ein Wunder vorkam.

Die Mulis erwiesen sich als ausgezeichnete Zugtiere, denen es gelegentlich nicht schnell genug gehen konnte. Ab und zu rannten sie übermütig Meile um Meile über die flache texanische Prärie. Mit ihrer Begeisterung steckten sie die gesamte Kavallerie an. Wie üblich hatten die Kinder auf dieser Reise ihren Spaß. Selbst mir machte es dieses Mal weniger aus, acht Wochen lang unterwegs zu sein, da man mir täglich ein gutes Reitpferd sattelte, mit dem ich stundenlang über die Grassteppe galoppierte.

In Las Cruces blieben wir gerade so lange, dass wir uns mit den Bewohnern anfreunden konnten. Am letzten Abend gaben sie einen Ball zu Ehren der Offiziere. Leider mussten wir bald schon hastig zum Camp zurück, als uns gemeldet wurde, dort sei eine wilde Prügelei im Gange. Die Soldaten hatten die Abwesenheit sämtlicher Offiziere dazu genutzt, um auf ihre Art zu feiern.

Fort Clark lag so nahe der mexikanischen Grenze, dass sich marodierende Indianer ganz einfach über den Rio Grande absetzten. Viehdiebe trieben oft ganze Rinderherden über den Fluss, die sie auf irgendeiner Ranch in der Nachbarschaft erbeutet hatten. Sie wussten, dass die Kavallerie den strikten Befehl hatte, den Rio Grande nicht zu überschreiten. Das ärgerte die Truppen irgendwann so sehr, dass ein Krieg zwischen beiden Ländern immer wahrscheinlicher wurde. Damit füllte sich die kleine Garnison mit immer mehr Soldaten.

Nachdem wir in Fort Bayard so gut gelebt hatten, fühlte ich mich hier stets dem Verhungern nahe. In der heißen texanischen Sonne gedieh fast nichts. Was auch immer wir von einer Ranch in der Nähe kauften, schien mit Gold aufgewogen. Die saftigen Preise erklärte der Rancher damit, dass er sein Gemüse bei Tag und Nacht vor gefräßigen Kaninchen schützen müsse. Auch sei er dreimal täglich gezwungen Würmer und Käfer von jedem einzelnen Salatblatt abzupflücken. Kauften wir bei ihm frische Butter, verwandelte die sich im Handumdrehen in Öl, das nach Knoblauch und wilden Zwiebeln schmeckte. Auch das Rindfleisch war fast ungenießbar zäh. Einmal ließen wir uns von weit her Kartoffeln schicken, die jedoch völlig verrottet bei uns ankamen. Durch die mangelhafte Ernährung und die extreme Hitze war meine robuste Gesundheit der letzten drei Jahre bald dahin.

Ich hatte viel Lobendes über die Geschicklichkeit schwarzer Köche gehört. Daher heuerte ich in Fort Clark in kurzer Folge drei schwarze Köche an. Der erste Koch taugte leider nicht einmal dazu, uns das einfachste Frühstück zu machen. Der zweite Koch war von seiner Statur her ein Riese. Auch schien es, als strotze er nur so vor Kraft. Doch als er meinen winzigen Küchenboden schrubben sollte, brauchte er dafür drei volle Tage. An dieser Stelle hätten wir unser Experiment abbrechen sollen, denn Nr. Drei war ein äußerst mürrischer Mensch, vor dem ich mich bald fürchtete. Als Mr. Boyd ihn feuerte, ging er in die nächste Stadt, ermordete dort die Witwe eines Soldaten und zündete danach ihr Haus an, um das Verbrechen zu vertuschen. Da in Texas nur ein Pferdedieb gehängt wird, befürchteten die ehemaligen Kameraden des Soldaten, der Mörder ginge womöglich straffrei aus. Sie waren daher fest entschlossen, das Gesetz selbst in die Hand zu nehmen. Als sie mit Stricken vor dem Gefängnis erschienen, stellten sie fest, dass der Sheriff den Mann bei Nacht und Nebel über die Grenze gebracht hatte. Darüber waren die Soldaten derart erbost, dass sie das Gefängnis mit Kugeln durchlöcherten. Mr. Boyd und die anderen Offiziere hatten tagelang alle Hände voll zu tun, um die Disziplin wieder herzustellen.

Nach eineinhalb Jahren in Fort Clark kam 1877 unser zweiter Sohn Henry zur Welt. Zu dieser Zeit spitzte sich die Situation an der Grenze mehr und mehr zu. Man munkelte, es käme jetzt bald zum Krieg mit Mexiko. Das bedeutete noch mehr Soldaten im Fort und natürlich weitere Offiziere. Es war daher nur eine Frage der Zeit, bis ein ranghöherer Offizier der Infanterie unser Haus verlangte. Mir ging es zu diesem Zeitpunkt recht elend, denn ich lag mit Fieber im Wochenbett. Der Doktor erklärte, für einen Umzug sei mein Zustand zu kritisch. Der Offizier verzichtete für die nächsten vier Wochen auf unser Haus. Da er Junggeselle war hoffte ich, er würde sich auch weiterhin mit einem kleineren Haus begnügen. Vergebliche Hoffnung! Nach vier Wochen verlangte er sein Haus. Zu diesem Zeitpunkt plagte der Keuchhusten die beiden älteren Kinder. Leider steckten sie auch das Neugeborene damit an. Für uns Eltern bedeutete es eine Qual, das winzige Baby so heftig husten zu hören. Mindestens hundert Mal am Tag mussten wir es aufrichten, damit es wieder Luft bekam. Nach unserem Umzug in ein Haus, in dem uns nur noch ein einziges Zimmer zur Verfügung stand, erkälteten sich die Kinder und bekamen zusätzlich zum Keuchhusten auch noch eine Bronchitis. Im Rückblick scheint es mir fast unmöglich zu glauben, dass wir in diesem Haus zwei Sommer und Winter lang wohnten. Um diese Zeit lebend zu überstehen, wohnten wir praktisch auf unserem vorderen Balkon. Dort schaukelten wir alle miteinander in den Hängematten.

Im heißesten Monat des Jahres marschierten unsere Truppen schließlich in Mexiko ein. Nach ein paar Wochen kehrten sie bereits zurück. Sie hatten die Mexikaner nur ein bisschen eingeschüchtert, aber es fiel kein einziger Schuss. Blasen an den Füßen und geschwollene Beine – vom Marschieren durch glühend heißen Sand – blieben die einzigen Erinnerungen. Danach handelte die amerikanische Regierung mit Mexiko neue Bedingungen aus. Von da ab durften sich dreistes Gesindel jenseits der Grenze nicht mehr in Sicherheit wähnen.

Genau 10 Jahre nach unserem letzten Besuch in New York kehrte ich mit meinen Kindern in den Osten zurück. Kurz davor war Mabel so schwer an Malaria erkrankt, dass sie zeitweise kein einziges Haar mehr auf dem Kopf hatte. Als auch James erkrankte, kämpften wir wochenlang um das Überleben unserer beiden Kinder. Der freundliche Armeedoktor stand uns Tag und Nacht zur Seite. Er riet uns jedoch dringend, die Kinder in ein gesünderes Klima zu bringen. In Galveston verabschiedeten wir uns von Mr. Boyd. Danach brachte uns ein Dampfer in sieben Tagen nach New York. Für meine kleinen Wilden war das die erste Begegnung mit der Zivilisation.

Insgesamt blieb ich mehrere Jahre in Boston und New York. In dieser Zeit wurde Mr. Boyd endlich vom Leutnant zum Captain befördert. Damit stand ihm auch ein Amt zu, das einem Kavallerieoffizier erlaubt, für längere Zeit im Osten zu bleiben – das Anwerben von Rekruten. Außerdem entdeckte Mr. Boyd sein Talent, Vorträge zu halten.

Vier Jahre später kehrten Mr. Boyd, Mabel und ich wieder nach Texas zurück. Unseren ältesten Sohn James ließen wir in einem Internat in New York zurück und Henry, unser Jüngster, blieb bei den Großeltern auf dem Land.

Die ersten Monate fühlte ich mich in Fort Clark völlig glücklich und genoss jede Minute. Doch dann sorgte ein Indianeraufstand in New Mexiko dafür, dass sich die gesamte Kavallerie zum sofortigen Abmarsch bereit hielt.

Um diese Zeit bekam Mr. Boyd einen Hinweis aus einer kleinen Stadt in Mexiko. Zehn Squaws der Apachen seien dort eingetroffen, die der Armee als wertvolle Geiseln dienen könnten. Mr. Boyd verlor keine Zeit. Mit einer kleinen Abteilung von nur zwanzig Mann machte er sich augenblicklich auf den Weg nach Mexiko. Kaum angekommen fand er die Squaws halb verhungert und insgesamt in erbärmlichem Zustand vor. In einem Brief deutete Mr. Boyd kurz an, dass es mit seiner Gesundheit auch nicht zum Besten stand. Einer seiner jungen Offiziere erzählte mir später, er habe Mr. Boyd dringend gebeten, ein paar Tage Rast einzulegen. Das habe Mr. Boyd aber abgelehnt. Erst wollte er die Squaws sicher in einem befestigten Fort abliefern. Trotz einer Lungenentzündung weigerte er sich, sich selbst als krank einzustufen. Als der junge Offizier schließlich trotzdem einen Arzt anforderte, war es für jede Hilfe längst zu spät.

Die schreckliche Nachricht von Mr. Boyds Tod kam mit einem Telegramm. Er starb am selben Tag wie General Grant. Doch während für den General ein Staatsbegräbnis angeordnet wurde, begruben ein paar Soldaten der Kavallerie ihren Captain in der Einsamkeit der Prärie.

Martha Summerhayes (1846 - 1911)

Martha Summerhayes heiratet 1874 ihren »Helden«, den elf Jahre älteren John Summerhayes. Jack, wie ihn alle nennen, ist ein kleiner drahtiger Mann mit strohblondem Haar und eisblauen Augen. Er hat schon als Soldat im Bürgerkrieg gedient, heuert danach bei der Marine an, versucht sich kurzfristig als Trapper und landet schließlich in der Indianerarmee der Vereinigten Staaten in Arizona – damals noch ein Territorium. Seine Frau Martha (Mattie) ist vernarrt in alles Romantische. Sie liebt besonders die deutsche Literatur, Kultur und Musik. Leider hat ihr Arizona in punkto Romantik nicht allzu viel zu bieten. In einem puritanischen Elternhaus aufgewachsen, ist sie zunächst entsetzt über die rauen Sitten im Westen. Nach einigen Jahren unter Soldaten, fluchenden Maultierkutschern, Mexikanern, Indianern und Mischlingen lässt sie jedoch die meisten ihrer moralischen Vorstellungen hinter sich. Sie lernt, die Dinge so zu akzeptieren, wie sie nun mal sind. Eine gute Portion Humor hilft ihr dabei. Ehemann Jack muss dagegen akzeptieren, dass seine Mattie, wenn nötig, ihren eigenen Kopf durchsetzt. Die Vorlage für die folgende Erzählung stammt aus Martha Summerhayes: *Vanishing Arizona*. Dieses Buch war von Anfang an ein Erfolg und gilt auch heute noch als *Minor Classic*.

Abb.8 Martha Summerhayes

Glänzendes Elend

Die kräftig gebauten Männer der preußischen Armee, die Lanzer, Dragoner und Husaren, das Klirren ihrer Säbel auf den Bürgersteigen, ihre prächtigen Uniformen – all das machte größten Eindruck auf mein jugendlich romantisches Gemüt. Wir schrieben das Jahr 1872 und für mich hatte sich der lang gehegte Wunsch erfüllt, nach Deutschland zu reisen, um die Sprache zu studieren. Schon als Schülerin in Nantucket hatte ich mich an langweiligen Winterabenden stundenlang in die Übersetzungen deutscher Theaterstücke vertieft. Damals fragte ich mich oft, ob es mir jemals gelingen würde, den Faust im Original zu lesen. Für die nächsten zwei Jahre wohnte ich in Hannover als Gast der Familie des Generals Weste. Der frühere Stadtkommandant hatte fünfzig Jahre lang in der Armee gedient. Er war ein liebenswerter und würdevoller Mann, der sich dem früheren Königshaus immer noch treu verbunden fühlte, obwohl Hannover inzwischen zu Preußen gehörte.

Die Frau des Generals, eine herzensgute Seele, unterhielt mich abends nach dem Kaffee mit Geschichten aus ihrer Mädchenzeit. Sie erzählte mir von ihrer Mutter, die den Fleiß als höchste Tugend schätzte. ‚Untätig herumsitzen' galt dagegen als verwerflich und wurde bestraft. Ohne ihr Strickzeug in der Hand durfte sie als junges Mädchen niemals lesen, nicht einmal am Sonntag. Frau Generalin beschrieb mir die frühere Pracht des hannoveranischen Hofs, die endlosen Festlichkeiten und Bälle, die erhabene Eleganz der alten Residenzstadt und die grausamen Schicksalsschläge, die den König heimgesucht hatten. Eines Abends, wenige Tage nach seiner Flucht, war bei Frau Generalin ein hoher preußischer Offizier erschienen, der sie höflich aufforderte, sich nach einer anderen Bleibe umzusehen – er brauche ihr Quartier. An diesem Punkt fing sie stets zu weinen an, und ich empfand Mitleid.

Anders als beschaulich hätte das Leben in dieser wunderschönen alten Stadt gar nicht verlaufen können. Die sonntäglichen Theaterbesuche, von denen mich das Hausmädchen um neun Uhr abends mit der Laterne abholte, der häufige Kaffeeklatsch, die Besuche im

Zoo, bei denen der Korb mit den frischen Brötchen und unserem Strickzeug niemals fehlte – all das erschien mir so schlicht und doch so elegant.

Im Theater war das Parkett stets voll besetzt mit Offizieren in ihren schmucken Uniformen. Die meisten Damen saßen in den Logen. Sobald der Vorhang zwischen den Akten fiel, erhoben sich die Offiziere und richteten ihre Operngläser auf die Logen. Da ich selbst zwischen Quäkern und Puritanern aufgewachsen bin, fand ich die Sitte, am Sonntagabend das Theater zu besuchen, zunächst recht zweifelhaft. Doch schon nach kurzer Zeit gewöhnte ich mich daran. Kaum war diese erste Mauer meiner engherzigen Vorurteile gefallen, da gab ich auch noch ein paar weitere auf, die mir jetzt kleinkariert erschienen. Danach akzeptierte ich die deutschen Sitten von ganzem Herzen.

Der Krieg war damals gerade beendet. Die Offiziere der vielen in Hannover stationierten Truppen fanden daher stets Zeit, uns Gesellschaft zu leisten, wenn wir nach dem Mittagessen unseren Kaffee im Freien einnahmen. Er wurde in großen Tassen mit viel Rahm serviert. Jeder von uns genehmigte sich mindestens zwei Tassen, wobei die Offiziere rauchten und die Damen sich mit einer Handarbeit beschäftigten. Diese Stunden gehörten mit zu den schönsten, die ich in Deutschland verbrachte.

Da es den Offizieren nicht erlaubt war, *en civile* zu erscheinen, verliehen ihre fröhlichen Uniformen allem einen gewissen Glanz, auch wenn es nur um schlichte Anlässe ging. »Oh, Frau Generalin«, sagte ich deshalb immer wieder begeistert, »das ist alles so faszinierend!« Darauf antwortete sie stets mit »Unsinn, Martha, das Leben in der Armee ist nicht immer so prächtig, wie es erscheint. Oft ist es, wie wir hier sagen, nur ein *glänzendes Elend*.« Diese bitteren Worte hinterließen bei mir einen starken Eindruck. Jahre später, weit entfernt im amerikanischen Grenzland, schien es mir, als hörte ich sie immer wieder.

Als ich mich vom General und seiner Familie verabschiedete, fühlte sich meine Kehle wie zugeschnürt. Ich brachte kein Wort heraus. Wie sehr mir das Leben in Deutschland ans Herz gewachsen war, wusste ich erst, als es für immer Abschied zu nehmen galt.

Willkommen im Regiment

In Bremen ging ich an Bord der *Donau*, ein Dampfschiff des norddeutschen Lloyd. Mit ihr landete ich – nach einem entsetzlichen Sturm, der uns um ein Haar mitten im Ozean auf den Meeresgrund geschickt hätte – sechzehn Tage später in Hoboken. Dort holte mich mein Bruder Harry am Pier ab. Als er mich in die Arme nahm, meinte er:»Du brauchst mir gar nicht zu erzählen, wie die Überfahrt war, ich muss mir nur das Schiff anschauen.«

Man hatte die *Donau* bereits aufgegeben, daher löste ihr Erscheinen unter meinen Freunden freudige Überraschung aus. Am glücklichsten aber war mein Freund Jack, ein zweiter Leutnant der Infanterie. Er zeigte sich so hocherfreut, mich wieder in Amerika zu sehen, dass es mir schien, ich müsse nun selbst der Armee beitreten.

Diesem Entschluss folgte kurz darauf eine stille Trauung auf dem Lande. Danach reisten wir in den ersten Apriltagen des Jahres 1874 nach Cheyenne im Territorium Wyoming. Jacks Regiment lag dort in *Fort Russel* stationiert. Westlicher als New York war ich zuvor noch nie gekommen. Cheyenne erschien mir daher – als Kontrast zur kultivierten europäischen Zivilisation, die ich erst kurz zuvor verlassen hatte – als der denkbar wildeste Ort. Tatsächlich fand ich bald schon heraus, dass Cheyenne zwar ein amüsantes kleines Städtchen war, aber nicht viel mehr zu bieten hatte als Kühe, Schweine und jede Menge Saloons.

Als wir aus dem Zug stiegen, hießen uns zwei Offiziere willkommen. Für mich als Braut gab es zur Begrüßung von jedem einen Handschlag sowie ein herzliches *Willkommen im Regiment*. Danach meinte Major Wilhelm:»Der Ambulanzwagen steht gleich dort drüben. Bis sie ihr eigenes Quartier beziehen, wohnen Sie bei uns«. Das war meine Einführung in die Armee – und meine erste Begegnung mit dem Ambulanzwagen, in dem ich noch hunderte von Meilen dahinrumpeln sollte. Vier Maultiere und ein Soldat auf dem Kutschbock brachten uns rasch zum Stützpunkt, wo uns Mrs. Wilhelm in ihrem anheimelnden Quartier willkommen hieß. Kurz nach dem Essen sagte Jack zum Major:

»Ich muss mich jetzt um unser Quartier kümmern«.

»Sie werden wohl irgendjemand rausschmeißen müssen«, meinte der Major, als sie zusammen das Haus verließen. Nach ungefähr einer Stunde kehrten sie zurück.

»Ich habe Lynch rausgeschmissen«, verkündete Jack, »aber da er gerade alleine ist, wird es ihm wohl nicht viel ausmachen«.

»Mir tut es leid, dass wir jemanden rauswerfen müssen«, meinte ich dazu.

Der Major lächelte nur. »Sie brauchen da nicht allzu viel Mitleid haben«, versicherte er mir, »das hat man in der Armee schon immer so gemacht – wer im Rang höher ist, wirft einen anderen raus. Der andere wird ihn dafür hassen, tut er es aber nicht, wird er auch nicht respektiert. Warten Sie nur ab, Mrs. Summerhayes, bis es Sie selbst einmal trifft. Danach macht es Ihnen nichts mehr aus, andere rauszuwerfen.«

Am nächsten Morgen begleitete ich Mrs. Wilhelm nach Cheyenne. Als wir Leutnant Lynchs Quartier passierten, sah ich, dass die Soldaten gerade Mrs. Lynchs Nähmaschine, ihre Lampenschirme und weiteren Hausrat heraustrugen. Ich wandte mich ab, denn ich bedauerte es zutiefst, dass so etwas in unserer Armee Sitte ist.

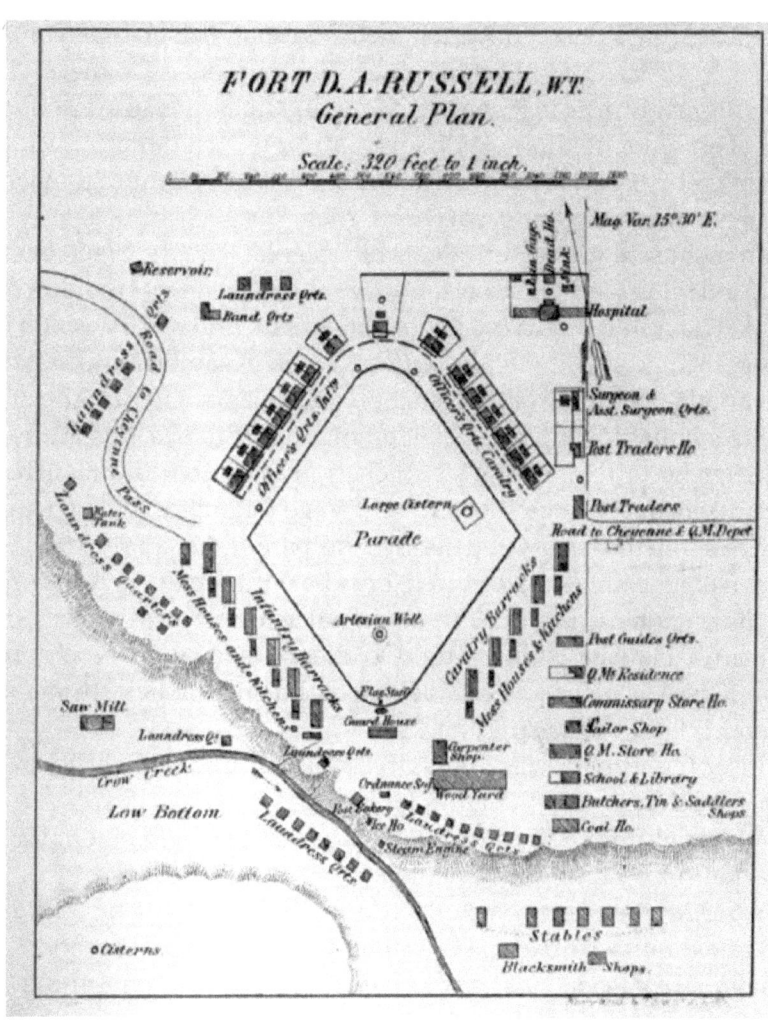

Abb.9 Fort Russel

Töpfe und Pfannen

Wer Alkohol trinkt gehört zu den untersten Klassen der amerikanischen Gesellschaft. Mit dieser moralischen Vorstellung war ich aufgewachsen. Zwar trank auch mein Vater täglich abends vor dem Dinner seine zwei Fingerbreit eines sehr erlesenen Cognacs, doch das hatte ich immer als eine Art Medizin angesehen, die ein älterer Herr eben braucht. Major Wilhelm bestand jedoch darauf, mich tagtäglich mehrmals mit dem ‚echten Armeegrog' bekannt zu machen. Es ist daher nicht weiter verwunderlich, dass ich in diesen ersten Tagen nicht sehr viel mehr sah als blitzblanke Knöpfe, blaue Uniformen und glänzende Schwerter. Dazu kam noch die wundervolle Musik. Die Achte Infanterie liebte gute Musik und hatte deshalb ihre Musiker direkt aus Italien importiert. Mein gesamter Eindruck war der von glänzender Fröhlichkeit. Sobald ich jedoch in die Abgründe der Haushaltsführung hinabsteigen musste, kam das jähe Ende.

Bisher hatte Jack meine sämtlichen Fragen über die Haushaltsführung in der Armee immer recht vage beantwortet. Jetzt informierte er mich, unser Quartier stünde bereit. Ab sofort könne ich meinen eigenen Haushalt führen, er habe dafür einen Striker namens Adams engagiert. Ein Striker, so erfuhr ich, war in der Armee als Koch und Haushaltshilfe tätig. Ob dieser Adams als Koch etwas tauge, wisse er nicht, meinte Jack, doch im Augenblick stünde kein anderer Soldat zur Verfügung.

Unser Quartier bestand aus drei Räumen und einer Küche. Zusammen bildeten sie ein halbes Haus.

»Wieso nur ein halbes Haus?«, fragte ich Jack. »In einem halben Haus kann ich unmöglich wohnen.«

»Aber Mattie«, antwortete Jack, »weißt du denn nicht, dass man im Kriegsministerium mit Ehefrauen überhaupt nicht rechnet? Gemäß der *Army Regulations* steht einem Leutnant nur ein Zimmer mit Küche zu, einem Captain zwei Zimmer mit Küche und einem Colonel schließlich ein ganzes Haus.«

Ich fand das unerhört. Meiner Meinung nach brauchte die Frau eines Leutnants genauso viel Platz wie die Frau eines Colonels. Jack lachte nur. »Wie du siehst, haben wir eigentlich schon zwei Räume zu viel«.

Jack hatte mir stets glaubhaft versichert, in seinem Quartier fehle es an nichts. Im Vertrauen darauf hatte ich den größten Teil meiner Brautausstattung in Nantucket zurückgelassen, doch als ich jetzt mein eigenes Reich inspizierte – Mrs. Wilhelms hübsches Quartier immer noch vor Augen – sank mein Herz. Im Wohnzimmer fand ich ein paar Spitzenvorhänge, ein wild zusammengewürfeltes Sortiment an Campingstühlen und einen Teppich. Im Schlafzimmer stand einsam ein Bettgestell, im Esszimmer ein Tisch aus grobem Fichtenholz, in der Küche ein Ofen und in der Ecke ein alter Strohbesen, mit dem ein Soldat kurz zuvor die rauen Dielen gefegt hatte. Ich wusste natürlich, dass man den Sold eines zweiten Leutnant nicht gerade als üppig bezeichnen konnte – und ein guter Teil von Jacks Sold stand sogar noch aus. Wir mussten also sparsam sein. Von einem Kaplan, der die Armee verließ, erwarben wir daher nur noch zwei weitere Campingstühle, ein buntes Tischtuch sowie einen Teppich.

»Was du auch immer für deine Küche brauchst«, hatte Jack mich belehrt, »bekommst du beim Quartiermeister«.

Ich ging also und nahm die Küchenutensilien in Augenschein. Danach rebellierte ich, denn hier gab es für mich nur Teekessel mit 7 l Fassungsvermögen, Fleischgabeln von 1 Meter Länge sowie gigantische Kochtöpfe, in denen sich mindestens 50 Portionen auf einmal kochen ließen.

»In meine Küche kommt mir keines dieser Ungetüme«, erklärte ich Jack.

»Aber Mattie«, meinte er, »sei doch vernünftig. Alle Armeefrauen kochen damit. Das Regiment zieht bald weiter. Was machst du dann mit deinen eigenen Töpfen? Du weißt doch, ein Leutnant darf nur tausend Pfund Gepäck mitnehmen.«

Ich war in einem Umfeld aufgewachsen, in dem sich die Frauen stets den Wünschen der Männer fügten. Ich gab also nach, und diese monströsen Dinger wurden herübergeschickt. Adams machte ein

Feuer, über dem wir einen halben Ochsen hätten rösten können. Danach versuchten wir gemeinsam, in einem dieser gigantischen Kessel ein paar Eier abzukochen. Leider wusste ich weitaus mehr über deutsche Hilfsverben als über praktische Dinge wie Kochen. Und wie sich herausstellte, taugten auch Adams Kochkünste nicht allzu viel. Ich hätte heulen können, denn was Adams und ich da fabrizierten, war vermutlich das grässlichste Mahl, das ein frischgebackener Ehemann jemals vorgesetzt bekam. Als ich Jack erklärte, das sei nur die Schuld dieser Küchenutensilien, da meinte er:

»Ach was, Mattie, du bist von diesen modernen Neuengland-Küchen einfach viel zu sehr verwöhnt. Hier im Westen kocht man in leeren Büchsen oder ähnlichem. Sei erfindungsreich und lerne, mit absolut Nichts auszukommen.«

So klang meine erste Lektion in Haushaltsführung in der Armee. Sobald mein unqualifizierter Lehrmeister den Raum verlassen hatte, rannte ich hinüber zu Mrs. Wilhelm und inspizierte ihre Küche. Dort fand ich eine stattliche Sammlung an Kochgeschirr, alles glänzend und blitzsauber, auf Regalen gestapelt oder an Haken von der Wand hängend. Bei meinem nächsten Ausflug nach Cheyenne erstand ich für meine Küche ein paar kleinere Töpfe und Pfannen. Den Betrag ließ ich anschreiben, aber das erwähnte ich Jack gegenüber mit keinem Wort, da ich befürchtete, der Zankapfel unserer Ehe könnte sehr wohl *Töpfe und Pfannen* heißen. Mit der neuen Ausstattung fiel mir das Kochen etwas leichter, obwohl Adams weiterhin keine große Hilfe war.

Eines Morgens schlug ich Adams vor, er solle unsere Frontfenster putzen. Nachdem er eine gute halbe Stunde verschwunden war, um eine Leiter auszuborgen, erschien er wieder, kletterte auf die Leiter und fing mit dem Putzen an. Ich schrieb unterdessen einen Brief. Plötzlich drehte er sich um und konfrontierte mich unvermittelt mit der Frage:

»Glauben Sie an Spiritismus, Madam?«

»Um Himmels willen, Adams, nein. Wieso fragen Sie mich so etwas?«

Das genügte ihm, um mir zu diesem Thema einen Vortrag zu halten, der jedem zur Ehre gereicht hätte, der weitaus höher auf der Leiter des Lebens stand als Adams. Der richtige Umgang mit den einfachen Soldaten war für mich damals noch ungewohnt, doch irgendwann fasste ich mir ein Herz und bat ihn, seine Arbeit nicht zu vergessen.

Anfang April wurde Jack zur *Spotted Tail Agency* geschickt. Dort rechnete man in Kürze mit einem Aufstand der Sioux. Ich wollte auf gar keinen Fall mit dem Spiritisten alleine zurückbleiben. Jack bat daher eine der Wäscherinnen mir Gesellschaft zu leisten. Mrs. Patten gehörte schon seit langem zur Armee. Sie war die Frau eines Soldaten, der schon viele Indianereinsätze hinter sich hatte. In den nächsten zwei einsamen Monaten sorgte sie dafür, dass ich mich behaglich und sicher fühlte. Ich werde diese liebenswürdige irische Wäscherin stets in dankbarer Erinnerung behalten.

Im Frühsommer wurde es in den niedrigen Holzbaracken allmählich unangenehm heiß. Mir fehlte daher nicht nur der Komfort von zuhause, ich vermisste auch die kühle Seebrise. Trotzdem versuchte ich, aus meiner Situation das Beste zu machen.

Unser winziges Schlafzimmer lag am Ende der Garnison. Die extreme Hitze zwang uns, das einzige Fenster geöffnet zu lassen. Von der Prärie her hörte ich das Jaulen und die Schreie wilder Tiere. Ich wusste, dass Coyoten und Pumas des Nachts ums Fort streunten. Einmal schien es, als würden sich diese großen Katzen direkt unter unserem Fenster streiten. Ihr lautes Geschrei machte mir Angst.

»Kommen die jemals ins Haus?«, fragte ich Jack.

»Um Himmels willen, nein«, antwortete er, »die sind doch völlig wild«.

Gerade hatte ich mich wieder beruhigt, als eine dieser riesigen Kreaturen mit einem Satz hereinsprang, über unser Bett hinwegfegte und im Wohnzimmer verschwand. Fluchend rannte der Leutnant hinter ihr her und fuchtelte mit seinem Schwert unter dem Sofa herum. Kaum hatte ich mich unter der Bettdecke verkrochen, da flog sie auch schon wieder mit einem ohrenbetäubenden Schrei über mich hinweg nach draußen.

Kurz darauf wurde das gesamte Regiment nach Arizona beordert. Für den Umzug brachte mir ein Soldat drei riesige Armeekisten. Bevor Jack das Haus verließ, gab er mir folgende Anweisung: »Also, Mattie, du musst jetzt alle unsere Sachen in diesen Kisten verstauen.«

Als ich gerade verzweifelt in die Tiefe der ersten Kiste blickte, marschierte die mollige und fröhliche Frau des Majors von Herrmann am Fenster vorbei. Sie erkannte die Situation und kam herein.

»Bringen Sie mir ein Kissen zum Draufknien«, meinte sie und zeigte mir, wie man alles sicher verstaut. Was nicht mehr in die drei großen Kisten ging, packten wir in mehrere Säcke. Jack rauchte vor Wut, als er zurückkam.

»Das bleibt alles hier«, befahl er im Hinblick auf die Säcke.

»Das kommt alles mit«, konterte ich. Zunächst beharrte jeder stur auf seiner Meinung, doch irgendwann begriffen wir beide: Ehe bedeutet Kompromisse zu finden.

Mitte Juni verließen wir Fort Russell mit der ersten Abteilung, die aus dem Hauptquartier und der Band bestand. 1874 gab es in Arizona noch keine Eisenbahn. Daher marschierte die Armee entweder wochenlang durch New Mexiko oder fuhr per Dampfschiff nach San Francisco und danach den Golf von Kalifornien hinauf bis nach Fort Yuma. Zu meiner großen Freude blieben uns in San Francisco zwei wundervolle Wochen. Danach bestiegen wir, zusammen mit 6 Kompagnien Soldaten, die *Newbern*, einen uralten Dampfer.

Die *Newbern* war berüchtigt

für ihr Rollen und Stampfen. Diesem Ruf machte sie alle Ehre. Sieben Tage lang sah ich deshalb nur das Innere meiner Kabine. Kurz vor Cape St. Lucas (an der äußersten Südspitze der kalifornischen Halbinsel) erschien ich das erste Mal an Deck.

Wir ankerten und luden Vieh an Bord. Ich beobachtete, wie die einheimischen Viehtreiber die Tiere zuerst ins Schlepptau nahmen, sodass sie hinter ihren kleinen Booten herschwimmen mussten. An-

Abb.10 Raddampfer auf dem Colorado

schließend hievten sie die armen Kreaturen an ihren Hörnern an Deck.

Jetzt blieb mir genügend Zeit, die anderen Passagiere kennenzulernen. Da war Major Worth, zu dessen Kompagnie mein Mann gehörte, Colonel Wilkins mit seiner Frau, die schon so lange der Armee angehörte, dass sie sich noch an die Zeiten erinnerte, in denen man im Ochsengespann die Prärie durchquerte, ihre beiden erwachsenen

Töchter (eine davon die *Belle* des Regiments, die andere verheiratet und Mutter eines 9 Monate alten Babys) sowie der charmante und witzige Captain Porter, der Miss Wilkins äußerst zugetan schien. Sie war jedoch daran gewöhnt, dass ihr sämtliche Offiziere der Achten Infanterie zu Füßen lagen. Es wurde behauptet, dass ihr jeder junge Leutnant, der diesem Regiment beitrat, sofort einen Heiratsantrag machte. Sie war außerordentlich attraktiv, aber viel zu gutherzig um kokett zu sein und daher auch die erklärte Favoritin aller.

Abends schleppten die Soldaten unsere Matratzen nach oben, denn die Hitze in den Kabinen zwang uns dazu, an Deck zu schlafen – für mich eine völlig neue und absurde Situation. An Schlaf war sowieso nicht zu denken, da ich mich zu sehr vor den Ratten fürchtete, die überall herumsprangen. Kurz vor der Morgendämmerung flüchteten wir in unsere Kabinen, doch bei Sonnenaufgang waren wir froh, uns ankleiden und vor der erstickenden Hitze wiederum an Deck fliehen zu können. Dort bewirtete man uns mit schwarzem Kaffee und Schiffszwieback, womit wir uns bis neun Uhr über Wasser hielten. Das Frühstück fiel zwar reichlich aus, war aber nicht sehr schmackhaft. Angeboten wurde Kondensmilch, widerwärtig gesüßt, grauenhaft schmeckendes Fleisch und Butter, die sich allerdings bereits in Öl verwandelt hatte. Schwarzer Kaffee, ein Stück Brot und eine gebackene Süßkartoffel, das war alles, was ich mit Mühe hinunterschlucken konnte.

Die Hitze im Golf von Kalifornien ist wirklich gnadenlos. Man holte deshalb unsere Koffer aus dem Laderaum, aus denen wir unsere Sommersachen heraussuchten. Doch wie wenig taugten sie für dieses Klima! Auf meinem völlig sonnenverbrannten Gesicht zeigten sich bald schon die ersten Hitzebläschen. Selbst mein Scheitel entging nicht dem Sonnenbrand, trotz der Markisen, die sich über uns spannten. Der Eisvorrat schwand alarmierend schnell dahin. Das Fleisch setzte Grünspan an und sooft sich der Steward in den Kühlraum unterhalb des Achterdecks begab, hielten sich die Damen ihr Fläschchen mit Riechsalz unter die Nase, während die Herren bugwärts flohen. Der Gestank, der diesem Raum entströmte, lässt sich unmöglich beschreiben. Irgendwie blieb er in der Luft hängen.

Er folgte uns bis zum Esstisch und bei den Mahlzeiten glaubte ich ihn sogar zu schmecken. Schließlich stach mir der Geruch so penetrant in die Nase, dass ich mir zu den Mahlzeiten nur eine Süßkartoffel an Deck bringen ließ. Tagelang ernährte ich mich von nichts anderem. Einmal gingen wir vor Anker, zwei Meilen von Mazatlán entfernt. Das Zollboot legte neben uns an, ein Wells-Fargo-Dampfer brachte ein paar mexikanische Passagiere, eine japanische Gauklertruppe und ganze Scharen von Einwohnern zu uns heraus, die frische Kokosnüsse, Bananen und Limonen feilboten. Da mein Durst so langsam die Grenzen des Normalen überschritt, kauften wir ein Dutzend Kokosnüsse, deren Wasser ich gierig trank. Trotzdem wünschte ich mir nach neun Tagen mit schwarzem Kaffee nichts sehnlicher als ein Glas mit frischer Milch. Zusammen mit Mrs. Wilkins, ihren beiden Töchtern und ein paar Offizieren ging ich daher im nächsten mexikanischen Städtchen an Land. Mrs. Wilkins hatte uns erzählt, es gäbe hier irgendwo einen alten Spanier, der für Durchreisende kochen würde. Ich war grimmig entschlossen, diesen Mann aufzuspüren. Mit ein paar Brocken Spanisch fragten wir Damen uns durch, bis wir schließlich vor einem winzigen, alten, wie ausgestorben wirkenden *Adobe Casa* standen. Heftig pochten wir an die Tür. Ein paar Minuten vergingen, dann erschien ein verwittertes altes Männlein. Mrs. Wilkins teilte ihm unseren Wunsch mit, aber er lehnte ab. Ringsum sei nur Wüste, er habe keinerlei Vorräte, er hätte seit Jahren nicht mehr gekocht, er könne nicht – und schließlich – er wolle nicht. Damit schlug er uns die Tür vor der Nase zu. Aber so leicht ließen wir uns nicht abschütteln. Mrs. Wilkins setzte ihre Überredungskünste fort, während ich meine gesamten Spanischkenntnisse hervorkramte. Ich versprach ihm, für eine Tasse Kaffee mit frischer Milch jeden Preis zu bezahlen. Schließlich gab er nach. Wir sollten in einer Stunde wiederkommen. Während wir in dem alten, wie verlassen wirkenden Städtchen herumspazierten, dachte ich nur daran, was uns der alte Mann wohl zum Frühstück vorsetzen würde. Tatsächlich erfüllten sich meine wildesten Hoffnungen, denn er servierte uns – man stelle sich das nur vor! - eine köstliche Bouillon, ein perfekt gekochtes Huhn, scharf gewürzt mit *Chili verde*.

Dazu gab es in Öl gebackene Biskuits mit frischer Butter und Milchkaffee. Wir überhäuften ihn mit Lob, dankten ihm wärmstens, bezahlten ihn fürstlich und kehrten aufs Schiff zurück, dem Anblick des grünspänigen Ungeheuers aus dem Kühlraum unter Deck etwas besser gewachsen.

Im Sumpf

Nach einer Reise von 13 Tagen ankerten wir eine Meile vor Port Isabel an der Mündung des Colorado. Ein schmaler, aber tiefer Sumpf erstreckte sich in die Wüste hinein und bot den flachen Raddampfern, die an diesem Punkt auf die Ozeandampfer warteten, eine Art Schutzhafen. Da der Wind auffrischte und die Wellen zu wütenden Schaumbergen aufpeitschte, saßen wir für die nächsten drei Tage auf der Newbern fest. Wie der Atem der Hölle fühlte sich dieser Wind an. Mir schien, als würden diese Tage niemals enden. *Ein Soldat heute gestorben*, trug Jack in sein offizielles Tagebuch ein.

Am vierten Tag ließ der Wind schließlich nach. Jetzt gab es für uns endlich einen Wechsel, denn wir stiegen auf die *Cocopah* um. Sie führte einen Leichter voll Soldaten im Schlepptau und dampfte schon bald mit uns in den Sumpf hinein. Am Abend schob sie ihre Nase in Richtung Land und legte an. Zum Andocken gab es hier absolut nichts, noch nicht einmal einen Pfosten. Der Anker wurde deshalb fest in die Erde gerammt. Die Soldaten errichteten ihr Lager an Land. Die Hitze in diesem tiefgelegenen Flachland ist jedoch intensiv. In der Nacht starb ein weiterer Soldat.

Am nächsten Morgen hörten wir zu unserem Verdruss, dass die Cocopah einen Leichter (randvoll mit glühend heißem Erz) flussabwärts schleppen sollte. Es blieb uns nichts weiter übrig als an Bord auszuharren, während wir diesen grässlichen Leichter hinter uns herzogen. Nachdem das Erz auf ein Frachtschiff umgeladen war, ging es wieder zurück in den Sumpf.

In Jacks Tagebuch steht: *23. August, 1874. Hitze entsetzlich. Heute starb Pringle.* Das war bereits der dritte Todesfall. Mir erschien das Schicksal dieser Soldaten besonders hart: an solch einem trostlosen Ort zu sterben und in eine Armeedecke eingewickelt beerdigt zu werden, mit nichts als einem Steinhaufen als Grabmarkierung.

Bei der Beerdigung von Soldat Pringle hielt der Adjutant des Bataillons eine Ansprache. Danach traten die Trompeter an den Rand des Grabes und intonierten *Taps*, das melancholisch über das ausgetrocknete Land hallte. Meine Augen füllten sich mit Tränen, denn dieser freundliche junge Mann hatte zu unserer Kompagnie gehört.

»Du musst nicht weinen, Mattie«, meinte Jack, »das Soldatenleben ist nun mal so. Wer der Armee beitritt, muss mit allem rechnen«.

»Das mag schon sein«, antwortete ich, »aber irgendwo muss es doch Angehörige geben, denen diese Männer etwas bedeuten. Es macht mich einfach traurig, daran zu denken«.

»Ich weiß, dass es traurig ist«, sagte Jack beschwichtigend, »aber horch! Es ist vorbei, sie kommen zurück.«

Ich lauschte und hörte die heiteren Klänge von *The Girl I left behind Me*, das die Trompeter aus voller Kehle bliesen.

»Siehst du«, bemerkte Jack, »für die Soldaten wäre es nicht gut, jedes Mal traurig zu sein, wenn ein Kamerad stirbt. Das würde die gesamte Kompagnie demoralisieren. Deshalb spielen sie jetzt auch etwas Fröhliches«.

Im Laufe der Jahre nahm ich noch an so mancher Beerdigung teil. Trotz aller Bemühungen tapfer zu sein, tauchte bei mir stets das Bild der Mutter solch eines armen Jungen auf, die irgendwo auf einer kleinen Farm lebte und gerade die Nachricht von seinem Tod erhielt.

Am nächsten Tag zog die Cocopah wieder einen Leichter zu einem Frachtschiff hinaus. Plötzlich sprang der Wind um und es stürmte gewaltig. Wir lagen den ganzen Tag vor Anker, bis es windstill genug war, wieder in den Sumpf zurückzukehren. So langsam gab ich die Hoffnung auf, jemals ein Stück weiterzukommen. Wäre es etwas kühler gewesen, dann hätte ich dieses müßige Leben mit Gleichmut ertragen können.

Bei dieser unerträglichen Hitze mussten wir unsere Koffer nochmals umpacken. Die Decks dieses Flussdampfers waren mit Zink überzogen. Wir brauchten daher dringend unsere Stiefel mit den dickeren Sohlen. Den Offizieren und Soldaten war es inzwischen so langweilig, dass sie versuchten, in dem sumpfigen Wasser zu angeln. Sie fingen zwar keinen einzigen Fisch, doch nach all den eintönigen Mahlzeiten schmeckten uns sogar ein paar Frösche ausgezeichnet.

Der nächste Tag brachte eine kleine Abwechslung, denn der Heckraddampfer *Gila* kam mit 4 Kompagnien der 23. Infanterie den Fluss herunter. Wir gingen an Bord und besuchten die Frauen, deren altmodische Kleidung mir absolut lächerlich erschien. Würde ich in vier Jahren wohl auch so grotesk aussehen? Ihr Aussehen bekümmerte diese Frauen jedoch kein bisschen, denn voll Freude sahen sie die Newbern vor Anker liegen. Mit ihr würden sie schon bald in eine Welt zurückkehren, in der es endlich wieder kühle Tage und Nächte gab.

Abb.11 Fort Yuma

Jetzt ging auch für uns die Reise weiter, denn am nächsten Tag stiegen wir auf die Gila um. Nach zwei Tagen flussaufwärts erreichten wir Yuma. Man hatte uns zum Frühstück ins Fort eingeladen, daher holte uns am nächsten Morgen um 9 Uhr ein Ambulanzwagen ab. Als der mit uns die steile, gewundene, vor Hitze weißglühende Straße hinaufholperte, musste ich unwillkürlich an die Geschichte vom Schurken denken, der in Yuma starb, aber irgendwann aus der Hölle zurückkam, um eine warme Decke zu holen, da er dort unten ständig fror. Zu meinem Erstaunen wurden wir im Fort in ein gemütlich eingerichtetes Wohnzimmer geführt, in dem man uns Porridge mit frischer Milch servierte. Mein Lebtag werde ich nicht mehr vergessen, wie köstlich mir das schmeckte. Nach 23 Tagen Hitze, greller Sonne, glühend heißem Wind und abgestandenem Essen erschien mir *Fort Yuma* wie das Paradies.

Als unser Raddampfer am nächsten Tag weiterfuhr, drehte ich mich noch einmal um und warf einen sehnsüchtigen Blick zurück auf das Fort, hoch oben auf der *Mesa*. Ich hatte das trostlose Gefühl, dies sei nun endgültig der Abschied von jeglicher Zivilisation.

Ist das wirklich Ehrenberg?

Jetzt begann unsere eigentliche Reise auf dem Colorado. Dieser schlammig-rote Fluss galt wegen seiner heimtückischen Strömung als höchst gefährlich.

»Wer ins Wasser fällt und in einen der vielen Strudel gerät« warnte uns der Kapitän, »der kommt nicht wieder lebend an die Oberfläche zurück«.

Camp Mojave, unser Ziel, lag etwa 2oo Meilen flussaufwärts. Die Tage zogen sich endlos lange hin. Da uns die Szenerie nicht viel zu bieten hatte, wanderten wir auf der Gila umher, vom Bug zum Heck, vom Heck zum Bug, stets auf der verzweifelten Suche nach einem Plätzchen, das uns ein wenig kühler erschien. Im Vorratsraum gab es kein Eis und damit natürlich auch keine frischen Vorräte. Ein Chinese fungierte als Steward und Koch. Sobald eine Glocke ertönte, versammelten wir uns in dem kleinen Salon um einen Esstisch. Eigentlich hätten wir bei diesen Mahlzeiten fröhlich sein können, denn unsere kleine Gruppe aus Offizieren (ein paar davon mit Ehefrauen) verstand sich recht gut. In dieser mörderischen Hitze litt jedoch nicht nur unser Aussehen, sie zerstörte auch jegliche gute Laune. Dazu kam noch die äußerst magere Verpflegung: Biskuits (selbstverständlich ohne Butter), gepökeltes Rindfleisch (fast ungenießbar salzig), serviert mit etwas Dosengemüse, das so erbärmlich aussah, wie es schmeckte. Den einzigen Lichtblick bot der Nachtisch: frisch gebackene *Pies*, bei denen nicht einmal die Dosenpfirsiche störten. Wie schaffen es diese chinesischen Köche bloß, mit nur wenigen Zutaten gebackene Köstlichkeiten zu zaubern? Und das auch noch unter Bedingungen, bei denen jeder weiße *Chef* das Handtuch werfen würde.

Der Metallknauf meines Messers ließ sich kaum noch anfassen und die hölzerne Armlehne meines Stuhls fühlte sich wie glühend heiße Kohlen an. Nach einem hastig eingenommenen Mahl, ein paar abfälligen Bemerkungen über das grässliche Fleisch und einer Klage über unser augenblickliches Schicksal flohen wir alle miteinander wieder an Deck.

Die Gila zog einen Leichter mit Soldaten hinter sich her. In der Dämmerung kletterten die Striker an Bord und holten die Matratzen an Deck. Zum Glück gab es hier keinerlei Beleuchtung, denn jeder Herr trug jetzt seinen Pyjama und jede Dame ihr Nachthemd. Auch war in diesen Tagen jegliche Rangordnung aufgehoben. Jeder legte sich dort zum Schlafen hin, wo auch immer seine Matratze lag.

Sobald sich der Fluss verengte, wurde die Fahrt etwas interessanter. Jetzt bestand nämlich ständig die Gefahr, dass wir auf eine der vielen Sandbänke aufliefen. Die einfachen Matrosen – mexikanisch-indianische Mischlinge – standen mit langen Stangen am Bug, jederzeit bereit in den Fluss zu springen, sobald wir einer Sandbank zu nahe kamen. Näherten wir uns einer flachen Stelle, nahmen sie mit diesen Stangen Messungen vor. Dabei gaben sie dem Kapitän in einem eigenartig hohen Singsang die Wassertiefe durch, die in *Fuß* gemessen wurde. Manchmal stoppte dieser einschläfernde Gesang abrupt, worauf sie mit dem lauten Ruf *no alli agua* seitlich in den Fluss hinuntersprangen. Natürlich ging es jetzt langsam vorwärts, denn diese Sandbänke schienen ständig ihre Position zu verändern. Obwohl wir hin und wieder für mehrere Stunden auf einer von ihnen festsaßen, blieb Kapitän Mellon stets gut gelaunt. Er war damals schon so eine Art Berühmtheit, da er sich mit seinem Flussdampfer weiter ins Landesinnere wagte, als jeder andere Kapitän.

Eines Morgens, als ich gerade versuchte, in unserer Kabine noch ein bisschen zu dösen, kam Jack ganz aufgeregt herein und rief: »Steh auf Mattie, gleich sind wir in Ehrenberg«.

Bei diesem romantischen Namen tauchte vor meinem geistigen Auge sofort der Rhein auf, dessen sagenumwobene Burgen ich erst vor kurzem besichtigt hatte. In freudiger Erwartung auf die Sehenswürdigkeiten von Ehrenberg sprang ich aus der Koje und eilte an Deck. Doch welch herbe Enttäuschung! Am steilen Uferrand erhob sich keine romantische Burg. Stattdessen stand dort eine Reihe elender Hütten, mit Stroh bedeckt. Auf der gegenüberliegenden Seite sah man ein paar verlotterte *Adobe-Casas* und dazwischen verlief die einzige Straße.

»Oh Jack«, rief ich. »Ist das wirklich Ehrenberg? Wer kam bloß auf die Idee diesen trostlosen Ort so zu nennen?«

»Vermutlich irgendein deutscher Goldsucher«, antwortete Jack. Obwohl ich in diesem Ehrenberg nur ein schmutziges, gottverlassenes Nest sah, in dem vorwiegend bettelarme Indianer, Mexikaner und Mischlinge wohnten, handelte es sich tatsächlich um einen wichtigen Hafen für Fracht, die man von hier aus ins Inland beförderte. Ich dankte meinem Schicksal, dass mein Mann wenigstens nicht an solch einem elenden Ort stationiert war.

Wenige Tage später ‚schäumten' die Boiler. Das bedeutete, dass die Gila fast einen ganzen Tag lang vor Anker lag. Schuld daran war wieder einmal die schmutzig rote Schlammbrühe des Colorado. Als wir am 8. September Camp Mojave erreichten, gratulierte uns der Kapitän, dass wir es in der kurzen Zeit von nur achtzehn Tagen von Yuma bis hierher geschafft hätten. Diese Reise in glühender Hitze hatte sich in mein Gedächtnis regelrecht eingebrannt. Keine zehn Pferde würden mich jemals dazu bewegen, diese Tortur noch einmal zu wiederholen. Dachte ich jedenfalls!

Du brauchst doch keine Eier, Mattie

Seit wir Yuma verlassen hatten, war die Landschaft um uns herum immer unwirtlicher geworden. Die reichlich öde Umgebung von Camp Mojave reizte uns nicht zu irgendwelchen Ausflügen. Dafür nahmen wir uns reichlich Zeit, unsere Habseligkeiten auszusortieren. Wir packten unsere Messekiste um und kauften die notwendigen Vorräte für die nächste Etappe unserer Reise. Jetzt zeigte sich, wer im Kampieren schon Erfahrungen gesammelt hatte und wusste, was man in Arizona braucht. Ein paar Offiziersfamilien hatten nämlich schon in San Francisco einen bequemen Reisewagen erworben. Für mich als *Camp Follower* (die Armee versteht unter diesem wenig schmeichelhaften Begriff die Offiziersfrauen) stand zumindest ein *Dougherty* zur Verfügung, allgemein als Ambulanzwagen bekannt. Er bestand aus einem riesigen Wagenkasten mit zwei gegenüberliegenden Sitzen. Das Wageninnere ließ sich von allen Seiten durch eine Plane schließen. Hinter dem Kutschbock hing ein Vorhang, der mir ein wenig Privatsphäre ermöglichte.

Vor 35 Tagen hatten wir San Francisco verlassen. Nach der Monotonie auf dem Fluss hoffte ich darauf, dass mir die Überlandreise etwas mehr Abwechslung bieten würde. Mit großem Interesse beobachtete ich, wie die Zelte und das gesamte Zubehör fürs Kampieren sowie die riesigen Umzugskisten der Soldaten in den mächtigen Prärieschoonern verschwanden. Leichtere Fracht wurde außen festgebunden. Direkt über einem Rad festgezurrt, erspähte ich unser Fass mit dem Porzellan. In einer Reihe blauer Ambulanzwagen fuhren die Wäscherinnen mit ihren Kindern und ihren sämtlichen Habseligkeiten mit.

Schließlich setzte sich die gesamte Abteilung in Marsch. Sechs kräftige Mulis zogen jeweils einen der schwer beladenen Prärieschooner. Diese Armeemulis unterschieden sich völlig von denen, die ich von Nantucket her kannte. Sie waren drahtig, wohlgenährt und darauf trainiert, so schnell wie ein Kutschpferd zu traben.

Der Hauptzug der Truppen marschierte vorneweg, dann folgten die Ambulanzwagen und Kutschen, denen sich wiederum die Gepäckwagen und die Nachhut anschloss. Jede Stunde gab es eine kurze Verschnaufpause, worauf Jack, der mit den Soldaten marschierte, auf einen Schwatz zu mir herüberkam, bis der Trompeter wieder zum Sammeln blies.

Der erste Tagesmarsch führte über reichlich ödes Terrain. Ein heißer Wind blies, alles füllte sich mit Staub. Da mir mein Hut schon nach kurzem lästig geworden war, hatte ich ihn abgelegt. Das bedeutete, dass ich am Abend von Kopf bis Fuß mit feinem Staub überzogen war. Mein Dampfbootärger war überstanden, mein Überlandärger begann wohl gerade erst.

Nach ein paar Stunden erreichten wir den trostlosen Platz, an dem unser Camp errichtet wurde. Mit Major Worth, der keine Familie hatte, war vereinbart worden, dass er in unserer Messe mitaß. Der Major und Jack hatten sich die Dienste eines Soldaten gesichert, den sie als fähigen Campkoch schätzten.

Unser Camp stand direkt am Fluss. Er führte trinkbares Wasser – und das zu schätzen hatte ich damals noch nicht gelernt. Weit und breit gab es hier weder Baum noch Strauch und als einzige Sehenswürdigkeit eine alte Adoberuine.

Bis das Zelt aufgebaut war, blieb ich im Wagen sitzen. Jack gesellte sich zu mir, gefolgt von einem Soldaten.

»Das ist Bowen, Mattie, unser Koch. Ich möchte, dass du ihm sagst, was er heute Abend kochen soll. Ach ja, es wäre schön, wenn du ihm zeigen könntest, wie man diese köstlichen Doughnuts macht. «

Damals war ich erst seit sechs Monaten verheiratet und hatte noch nicht gelernt, einfach energisch »Nein« zu sagen. Als ich Jack erklärte, dass man für Doughnuts Eier braucht, meinte er nur: »Aber du brauchst doch keine Eier, Mattie. Du bist jetzt im Grenzland, da musst du lernen, ohne so was auszukommen.«

Alles in mir rebellierte. Trotzdem gab ich nach. Bowen entfachte ein Campfeuer, dann klappte er den Deckel der Messekiste zurück und stellte etwas als Stütze darunter. Das war mein Küchentisch. Er brachte mir eine Schüssel, etwas Mehl, Kondensmilch, Zucker und eine Teigrolle. Über dem Feuer brutzelte bereits ein großer Kessel mit Schmalz. Mit meinen Kochkünsten war es schon unter normalen Umständen nicht weit her. Aber ich als Campköchin? Ich stellte mir vor, wie die anderen Offiziersfrauen heimlich aus ihren Zelten herüberlugten. Zum Glück blieb mir ein demütigender Misserfolg erspart, denn ohne jede Vorwarnung brauste einer dieser berüchtigten Sandstürme über uns hinweg. Wir flüchteten alle in die Zelte. Bevor ich meine fünf Sinne wieder beisammen hatte, war der Sturm vorüber. Bowen beseitigte die sandigen Reste meines zweifelhaften Teigs, danach setzte er uns ein ordentliches Soldatenessen vor: Schinken, Kaffee und Biskuits. Später unternahm ich noch einen kurzen Spaziergang zu der Ruine. Drinnen lag, völlig zusammengerollt, eine mächtige Klapperschlange. Bisher hatte ich solch ein Reptil nur im Zoo gesehen. Mit fasziniertem Horror betrachtete ich den kugelrunden Haufen, dessen grauer Farbton dem Sand, auf dem er lag, so ähnlich sah. In dieser Nacht schob Bowen ein paar Büffelfelle unter unsere Matratzen und legte Seile darum. »Darüber kriecht keine Schlange«, bemerkte er, mit breitem Grinsen.

Am nächsten Morgen wurde ich um vier Uhr aus dem tiefsten Schlaf gerissen, denn die Maultiere veranstalteten bei ihrer Fütterung einen ohrenbetäubenden Radau. Der scheußlich klebrige Sand haftete inzwischen an jeder Stelle meines Körpers und an jedem Kleidungsstück. Um mich herum wurden bereits die Zelte abgebrochen, denn das Camp musste um 12 Uhr nachmittags am nächsten Rastplatz wieder aufgebaut sein. Daher saß ich noch vor Tagesanbruch mit einer Tasse schwarzen Kaffees auf einem Campingstuhl im Freien. In reichlich mürrischer Laune kaute ich dabei an einem trockenen Stück Brot, belegt mit einer viel zu dicken Scheibe Schinken.

Kurz darauf marschierten die Soldaten los. Mit dem Gewehr auf der Schulter schwankten sie durch den aufgewirbelten weißen Wüstenstaub vor uns her. Mir erschien die Hitze fast unerträglich. Ich lernte rasch, dass ich aus meiner Wasserflasche nur hin und wieder einen kleinen Schluck nehmen durfte, da man in Arizona niemals weiß, ob die nächste Wasserstelle nicht ausgetrocknet ist.

Gegen Mittag erreichten wir eine trostlose Lehmhütte, die sich Packwoods Ranch nannte. Aber dort gab es wenigstens eine Bar, was die meisten unserer Soldaten erfreute. Für mich bestand dagegen der größte Luxus dieser Erde in einem Glas frischer Milch. Ich werde Packwoods Ranch auf ewig in freundlicher Erinnerung behalten, denn zum Mittagessen gab es dort nicht nur einen köstlichen Schnepfenbraten, sondern auch noch ein großes Glas Milch.

Die nächsten zwei Tagesmärsche führten abermals über trostloses Land. Mit der Ausnahme von Schlangen, Tausendfüßlern und Spinnen schien es jeglichem Leben gegenüber feindlich gesonnen. Jack begleitete mich ab und zu ein paar Meilen weit im Ambulanzwagen. Um mich wieder aufzuheitern, erlaubte er mir, die Wüste ringsum nach Herzenslust zu beschimpfen. Das tat mir richtig gut. Damals sah ich absolut nichts Bewundernswürdiges in diesen öden Landstrichen, die wir durchquerten. Ich hätte mir niemals träumen lassen, dass ich mich später einmal hierher zurücksehnen könnte.

Ein Berg namens Bill Williams

Am nächsten Tag schlugen wir unser Camp an einem Ort namens *Freeze-wash* auf. In der Nähe sah ich ein paar schwarze Felsen, die wie verbrannt wirkten. Aus diesen Felsen krochen Eidechsen, Schlangen, Taranteln und ein Skorpion, der mit hochgestelltem Stachel herumrannte, bereit, alles zu stechen, was seinen Weg kreuzte. Das Wichtigste war jedoch: es gab trinkbares Wasser.

Auf diesen ewig langen Tagesmärschen wanderten meine Gedanken des Öfteren in Richtung Heimat. Während ich vor meinem geistigen Auge das blaue Meer, die grünen Wiesen und Felder sah, blickte ich nach draußen auf die Soldaten, die reichlich erschöpft wirkten und auf die jungen Offiziere, mit ihren blauen Uniformen, an denen weißer Staub klebte. Frau Westes Worte über das glänzende Elend fielen mir wieder ein. War dieses Armeeleben denn tatsächlich nichts weiter als ein glänzendes Elend?

Einige der älteren Soldaten hielten den Strapazen nicht mehr stand und mussten in den Ambulanzwagen mitfahren. Ich selbst fühlte mich völlig ausgelaugt und sah so langsam reichlich schäbig aus. Erstaunlicherweise schienen sich die anderen Offiziersfrauen nicht ständig über ihr Aussehen, die Reise, den Staub, die Hitze usw. zu beklagen. Ich beschloss daher, meinem augenblicklichen Schicksal mit etwas mehr Gleichmut zu begegnen.

So langsam zeichnete sich immer deutlicher der Umriss eines Berges ab. Einsam und kahl stieg er aus der endlosen Sandwüste empor. Dieser Berg schien mich magisch anzuziehen. Ich fragte den Kutscher, ob er seinen Namen kenne.

»Das ist der Bill Williams Berg, Madam«, antwortete er, worauf er wiederum in sein übliches Schweigen verfiel, das nur ein gelegentlicher Zuruf an seine Maultiere unterbrach. Ich dachte an den Harz, durch den ich vor nicht allzu langer Zeit gewandert war, mit all den romantischen Namen und Legenden, die mit ihm verbunden sind.

»Findest du es eigentlich in Ordnung«, fragte ich Jack bei der nächsten Rast, »dass solch ein imposanter Berg den Namen Bill Williams trägt?«

»Wieso sollte er nicht so heißen«, fragte Jack zurück. »Dieser Bill Williams hat ihn vermutlich entdeckt«.

Der nächste Tagesmarsch führte über sanft hügeliges Gelände. Als wir die ersten Grasbüschel erspähten, wussten wir, dass die Wüste endlich hinter uns lag. Die Tage begannen jetzt hoffnungsvoll

Abb.12 Fort Whipple

und endeten angenehm, denn wir fuhren nun durch Eichen, Zedern und Pinienwäldchen. Wir holperten zwar immer noch über raues Gelände und abends spürte ich schmerzlich meine Knochen. Dafür standen die Zelte bereits einladend unter den hohen Pinien. Mein kleines Heim wartete auf mich: die Zeltplanen zurückgebunden, die

Matratzen ausgelegt, die Decken zurückgeschlagen. Beim Abendessen gab es Biskuits nach Soldatenart, gegrilltes Antilopensteak und schwarzen Kaffee. Danach setzte ich mich mit meinem Campingstuhl unter die Pinien und horchte auf das sanfte Säuseln des Windes. Schön war es, in der Armee zu sein!

Obwohl wir uns langsam südwärts wandten, blieb Bill Williams immer noch das dominierende Merkmal der Landschaft. Welchen Kurs wir auch einschlugen, der blauschwarze Berg lag stets vor uns. Erst als die Hügel und Täler bei *Fort Whipple* in Sicht kamen, entschwand er aus meinem Blickfeld. Ich bedauerte das sehr, denn irgendwie schien Bill Williams zu meinem Leben zu gehören. Trotz seines Namens liebte ich ihn für die Gesellschaft, die er mir geboten hatte, in diesen endlos langen, heißen und öden Tagen.

In Fort Whipple wohnten wir als Gäste bei Leutnant Thomas. Nachdem ich für sieben Wochen unterunterbrochen unterwegs gewesen war, kam mir alles im Quartier der Familie Thomas wie größter Luxus vor. Endlich war es mir möglich, frische Kleidung, die in der Tiefe der Prärieschoner lagerte, aus den Kisten hervorzuholen. Die Freundlichkeit, mit der mich die Leute hier behandelten, die mich noch nie zuvor gesehen hatten, hinterließ großen Eindruck bei mir. Wir verbrachten drei wundervolle Tage. Es gab Einladungen zu einem Ball, zum Essen, zu allen möglichen Festen. Ob sich mir jemals die Gelegenheit bieten würde, all diese Freundlichkeit zurückzuzahlen?

»Zerbrich dir darüber nicht den Kopf, Mattie«, riet mir Jack, »glaub' mir, auch für dich wird die Gelegenheit kommen«.

Seine Prophezeiung sollte in Erfüllung gehen. Früher oder später traf ich alle wieder und konnte ihnen wiederum die Gastfreundschaft meines Quartiers bieten.

Die Familie des Colonels Wilkins blieb vorerst in Fort Whipple zurück. Jack hatte dagegen die Order bekommen, ins Gebiet der Apachen weiterzumarschieren. Die einzigen Indianer, die ich bisher gesehen hatte, waren die friedlichen Stämme der Yuma, Cocopah und Mojave, die entlang des Colorado wohnten. Über die Apachen hatte ich bisher nur die schrecklichsten Dinge gelesen und gehört.

Nach einem Marsch von zwei Tagen erreichten wir *Camp Verde*. Hier wohnten wir als Gäste bei Captain Brayton. Bei einem Plausch unter Frauen erzählte ich Mrs. Brayton vom Problem meiner jungen Ehe: Jack und die Töpfe und Pfannen. Ihre blauen Augen funkelten kampflustig als sie sagte: »die Männer glauben grundsätzlich, sie wüssten alles besser. Kaufen Sie ruhig was sie brauchen. Beim nächsten Umzug schicken Sie Jack einfach aus dem Haus und lassen einen Soldaten kommen, der alles für sie packt.«

»Aber das Gewicht«, gab ich zu bedenken.

»Ach, Papperlapapp! Hören Sie nicht auf dieses Männergeschwätz. Meiner Erfahrung nach findet sich für alles Wichtige immer noch irgendwo ein Platz.«

Hier in Camp Verde blieben nur noch zwei Trupps zurück. Für einen Marsch ins Indianergebiet, dachte ich bei mir im Stillen, wird unsere Abteilung so langsam beklagenswert klein. Die Offiziere erwogen alle möglichen Marschrouten. Da sich die Apachen jedoch im Augenblick vergleichsweise friedlich verhielten, fiel die Entscheidung auf den *Crooks Trail*, der als der kürzeste galt.

Im Land der Apachen

An einem schönen Nachmittag Ende September marschierte unsere kleine Abteilung aus Camp Verde. Sie bestand jetzt nur noch aus zwei Trupps mit insgesamt etwa einhundert Soldaten, unter dem Kommando von Captain Ogilby und fünf weiteren Offizieren. Mrs. Bailey, ihr Baby, ein paar Wäscherinnen und ich gehörten auch noch dazu. Man kann nicht gerade behaupten, dass es uns fröhlich zumute war. Schließlich standen uns unbekannte Gefahren bevor, in einem Land in dem sich Apachen herumtrieben, die angeblich ihre Opfer qualvoll töteten.

Das Vorwärtskommen gestaltete sich wieder einmal ausgesprochen schwierig. Abends sah man Mensch und Tier die Strapazen an. Immerhin fuhren wir jetzt durch die Berge, das bedeutete tagsüber angenehm kühle Luft. Am frühen Morgen wurde es allerdings so eisigkalt, dass wir einen kleinen Ofen im Zelt zu schätzen wussten. Die Landschaft der Mogollons zeigte sich von grandioser Wildheit. Ich erinnere mich noch, wie ich vom Ambulanzwagen herunterkletterte und in das Tonto Basin hinunterblickte. So etwas Imposantes hatte ich noch nie gesehen. Aber mal ehrlich, welcher normale Mensch würde freiwillig solch eine strapaziöse Reise unternehmen, nur um diesen grandiosen Anblick zu genießen?

In dem steilen Gelände konnten die schweren Schooner oft nicht mehr mit den Soldaten Schritt halten. An besonders kritischen Stellen, wie einer gefährlich scharfen Kehre, mussten die leichteren Kutschen die schweren Wagen passieren lassen. Am Fuße eines jeden Steilhangs hielten die Schooner an. Die Kutscher berieten sich untereinander, ob und wie es möglich wäre, die nächste Anhöhe zu erreichen. War alles geklärt, hörte man wütendes Peitschenknallen und lautes Fluchen, mit dem die Kutscher ihre Maultiere nach oben trieben. Jedes Maultier bekam sein Quantum der schlimmsten Flüche ab, die ich jemals gehört hatte. Ich musste unwillkürlich an meine Kindheit denken. An die blassen Minister der Kongregation, mit ihren goldrandigen Brillen, die sich wöchentlich im Haus meiner Mutter trafen. Die Furcht, die sie mir damals eingeflößt hatten, vor diesem allmächtigen Gott und seiner grausamen Rache, lebte immer noch in einem Winkel meiner Seele. Fast erwartete ich, dass er vom Himmel herab seine Blitze auf diese Sünder schleudern würde. Das Fluchen und Peitschenknallen hörte jedoch nicht auf, solange sich die schwerbeladenen Schooner, einer nach dem anderen, schwankend und schlingernd den Berg hinaufmühten, bis sie, oben angekommen, um die nächste Kehre herum verschwanden. Jeder Kutscher besaß seine ganz spezielle Mischung an Flüchen. Und da jedes Maultier einen weiblichen Namen trug, wie Lies, Kate oder Fanny - klang das für mich gelegentlich wie eine sehr persönliche Beleidigung. Ich protestierte deswegen gegenüber Jack, aber er meinte nur: »diese Kutscher fluchen grundsätzlich, wenn es bergauf geht. Tun sie es nicht, laufen die Mulis keinen Schritt weit«.

Irgendwann gewöhnte selbst ich mich an diese schrecklichen Flüche und begann, die Geschicklichkeit, Beharrlichkeit und Ausdauer dieser rauen Gesellen zu bewundern. Wenn ich jedoch spätabends in die traurigen Gesichter der völlig erschöpften Mulis blickte, überkam mich das Mitleid mit diesen armen Kreaturen. Eines Abends erfuhr ich, dass ein Schooner samt Gespann die Bergflanke hinuntergerutscht war. Dem Kutscher war es gerade noch gelungen abzuspringen. Die Maultiere, der Wagen und die Fracht stürzten jedoch in die Tiefe.

Unser Wagenzug war der erste auf dem Crooks Trail, falls man die Schneisen, die man einfach in den Wald gehauen hatte, überhaupt einen Trail nennen konnte. Sobald wir über größere Felsblöcke oder Baumstümpfe rumpelten, flog ich in meinem Ambulanzwagen von einer Seite zur anderen. Ging es einen besonders steilen Hang abwärts, kettete der Kutscher ein paar Baumstämme an den Ambulanzwagen, damit er nicht auf dem Rücken der Mulis landeten. Ich stieg dann in der Regel lieber aus und suchten mir meinen eigenen Pfad die felsige Schlucht hinunter.

Einmal raste eine Reitergruppe an uns vorbei. Dabei hoben die Herren zur Begrüßung ihren Hut. Unsere Offiziere erkannten in einem von ihnen General Crook. Uns anderen gelang es in dieser

Staubwolke noch nicht einmal, die indianischen Scouts von den Offizieren zu unterscheiden. Alle miteinander trugen Flannelhemden, Halstücher und breite Schlapphüte.

Nach dem Abendessen drehte sich die Konversation um Indianer im allgemeinen und Apachen im Besonderen. An diesem Abend stand unser Camp auf einem abgelegenen Bergpass, inmitten eines urwaldähnlichen Fichtenwaldes. Ein gewaltiges Feuer loderte, um das wir bis spät in die Nacht herumsaßen. Unsere kleine Gruppe bestand nur aus sechs Offizieren, Mrs. Bailey und mir. Die schwarze Finsternis ringsum wirkte recht unheimlich. Wir blickten alle ins Feuer.

»Rothäute hätten kein so riesiges Feuer brennen«, bemerkte einer der Offiziere.

»Ganz bestimmt nicht«, kam prompt die Antwort eines zweiten Offiziers.

Dann folgte eine lange Pause. Wir starrten alle sinnierend ins Feuer, das immer wieder einmal krachte und knackte; hin und wieder hüpfte eine Flamme empor.

»Gegen dieses Feuer erkennt man unsere Umrisse ganz prächtig«, sagte schließlich ein Dritter. »Ich bin mir sicher, diese hinterhältige Satansbrut weiß längst, wo wir sind«.

»Dein Leben kannst Du darauf verwetten«, versicherte ihm Nummer Vier.

»Seht doch mal nach dort hinten«, forderte Nummer Fünf uns auf. »Kann einer von Euch zwischen diesen Bäumen irgendwas erkennen? Falls sich dort ein Apache versteckt hält, würden wir das nicht einmal merken«.

Wir drehten uns alle um und spähten in die schwarze Dunkelheit.

Eine weitere Pause folgte; die Stille war unheimlich – nichts zu hören als das krachende Feuer und die klagenden Laute, wenn der Wind durch die Fichten strich.

Plötzlich hinter uns ein lautes Krachen! Wir sprangen alle auf und blickten uns um.

»Nur ein toter Ast«, bemerkte jemand.

Major Worth zuckte die Schultern, als er, leise zu Jack gewandt, flüsterte: »Ich will verdammt sein, wenn mir nicht langsam die Nerven flattern«. Mit einem Gute-Nacht-Gruß stand er auf und marschierte zu seinem Zelt.

Wie es um meine Nerven stand, daran hegte ich wenig Zweifel. Nicht einmal während des Sturms auf dem Atlantik, bei dem unser Schiff 36 Stunden lang der Gnade der Wellen ausgeliefert war, hatte ich solch eine panische Furcht verspürt wie in dieser Nacht. Mitternacht fand uns immer noch um die Asche des Campfeuers sitzend. Als wir uns schließlich ins Zelt zurückzogen, fiel es Jack endlich auf, wie sehr ich mich fürchtete.

»Mach dir keine Sorgen, Mattie«, tröstete er mich. »Die Apachen greifen niemals in der Nacht an«. Das versicherte er mir wiederholt. Nachdem er sogar einen Eid darauf schwor, dass diese Behauptung stimmte, warf ich mich schließlich auf mein Bett.

»Und wann greifen sie an?«, fragte ich schließlich, als die Kerze schon gelöscht war. Worauf Jack, mit dem typischen Gleichmut des Soldaten gegenüber der Gefahr, schon halb im Schlaf murmelte:

»Kurz vor Tagesanbruch. Aber hier gibt's keine Apachen. Du hast doch heute General Crook gesehen. Der hätte mit jedem Apachen, der sich hier rumtreibt, kurzen Prozess gemacht.«

Gerade war ich leicht eingeschlummert, als kurz vor Tagesanbruch die Zeltklappen plötzlich mit lautem Krachen aufflogen und wild zu flattern anfingen. Ich sprang aus dem Bett, auf das Schlimmste gefasst. Jack fuhr aus dem Schlaf hoch.

»Was ist los?« rief er.

»Das muss der Wind gewesen sein«, murmelte ich verlegen, »aber ich habe mich erschreckt«.

Der Leutnant zurrte wieder alles fest. Während er sofort wieder einschlief, lauschte ich weiterhin auf jedes Geräusch. Bei jedem Rascheln schlug mir sofort das Herz bis zum Hals. Erst als es tagte, legte sich so langsam meine Furcht.

Camp Apache

Eines Nachmittags, nach einem Marsch von über zweiundzwanzig Meilen, stellte Jack fest, dass unsere Fleischvorräte so langsam knapp wurden. Daher schulterte er sein Gewehr und ging auf die Truthahnjagd. Officer Bailey begleitete ihn.

»Entfernt euch nicht zu weit vom Camp«, rief der Captain den beiden nach.

Jack kehrte bei Sonnenuntergang mit zwei fetten Truthähnen zurück, aber Bailey blieb aus. Da er jedoch allgemein als erfahrener Jäger galt, zeigte sich bis zum Einbruch der Dunkelheit noch niemand besorgt. Danach feuerten die Soldaten Signalschüsse ab, schwärmten nach allen Seiten aus und brüllten dabei laut »Hallo«. Trotzdem gab es kein Lebenszeichen von Bailey.

Jetzt war das gesamte Camp in Alarmbereitschaft. In dieser Gegend lauerten zu viele Gefahren, um bei Nacht alleine herumzuspazieren. Suchtrupps formierten sich, hier und da wurde sogar ein ganzer Baum in Brand gesteckt, überall hörte man Gewehrsalven. Ein Trupp nach dem anderen kehrte zurück. Sie hatten die gesamte Umgebung durchkämmt – keine Spur von Bailey.

Außer Mrs. Bailey glaubte so langsam niemand mehr daran, ihn noch lebend zu finden. Nach weiteren Stunden bangen Wartens näherten sich plötzlich Rufe. Der letzte Suchtrupp kehrte zurück. Sie trugen den völlig erschöpften jungen Offizier. Wie Bailey später erzählte, hatte er sich in der Zeit verschätzt, in der Dämmerung einen falschen Schritt gemacht und war in eine Schlucht gestürzt. Als man ihn fand, war er am Ende seiner Kräfte. Er hatte vergeblich versucht, mit einem verstauchten Fuß aus der Schlucht herauszuklettern. Irgendwann hatte er sämtliche Patronen abgefeuert, bis auf eine letzte. Im äußersten Notfall, erklärte mir Jack, würde sich damit ein Soldat selbst erschießen. Bei dieser schrecklichen Vorstellung lief es mir eiskalt den Rücken hinunter.

Am 4. Oktober hatten wir die Bergkette endlich überquert. So langsam wurde etwas Straßenähnliches erkennbar. Noch drei weitere Tagesmärsche, dann hatten wir - nach einer anstrengenden

Reise von zwei Monaten - unser Ziel erreicht. *Camp Apache* wirkte recht malerisch. Ich sah eine Reihe von Holzhütten, riesige Ställe, Regierungsgebäude und einen großen Laden. Natürlich gab es auch hier wieder viel zu wenige Quartiere. Ein zweiter Leutnant hatte sowieso nur das Anrecht auf eine dürftige Unterkunft. Trotzdem war ich schockiert, als man uns die Hälfte einer Holzhütte zuwies. Sie bestand aus einem Raum, einem winzigen Vorraum und einem Schuppen außerhalb, der als Küche diente.

Als ein Soldat unsere Sachen hereintrug, vermisste ich unser Fass mit dem Porzellan. Erst jetzt erfuhr ich, dass es mit dem Unglückswagen in die Schlucht hinuntergestürzt war. Damals hatte ich noch nicht jenen gleichmütigen Zustand erreicht, der nach Jahren in der Armee ganz selbstverständlich wird. Ich hing noch sehr an meinen Habseligkeiten und ärgerte mich außerordentlich über diesen Verlust. Ich wusste schließlich, dass sich in Camp Apache kein Porzellan auftreiben ließ.

Mrs. Dodge von der 23. Infanterie hörte von meinem Dilemma. Obwohl mich diese Frau kaum kannte, erschien sie bei mir tags darauf mit einer kleinen Kiste voller Geschirr. Sie würde gerade ihren nächsten Umzug vorbereiten, erzählte sie, und für diese Teller und Tassen hätte sie keine Verwendung mehr. Das behauptete sie wenigstens. Mir trieb es vor Dankbarkeit die Tränen in die Augen.

Bowen schüttete eine dicke Lage sauberes Stroh auf den armseligen Bretterboden, darauf nagelte er unseren Teppich fest. Aus dem Hospital brachte man uns zwei eiserne Bettgestelle und zwei Bettsäcke, ebenfalls mit frischem Stroh gefüllt. Darauf legten wir die Matratzen.

Wir stellten unsere Klappstühle auf, entfachten ein Feuer im Kamin und Bowen erbeutete für uns noch ein altes Waschbasin und einen runden Tisch. Bowen, so stellte ich fest, war nicht nur als Koch und Offiziersbursche ein Juwel. Auch im ,Organisieren' war er von unschätzbarem Wert.

In meiner Armeeküche stand ein Herd, den Bowen so lange scheuerte, bis er glänzte. Für meine Pfannen hämmerte er ein paar lange Hufnägel in die Wand, und für meine Topfsammlung zimmerte er ein einfaches Regal. Plötzlich erschien er auch noch mit einem Küchentisch. Wo der herkam, wollte ich lieber gar nicht wissen.

Beim Auspacken der Kisten und Koffer stellte ich schnell fest, dass es weder in unserem kleinen Wohnzimmer noch in dem winzigen Vorraum irgendeine Möglichkeit gab, unsere Sachen zu verstauen. Jack fand mich daher ratlos vor einer halb ausgepackten Kiste sitzen.

»Oh, Jack«, rief ich verzweifelt. »Für all diese Sachen finde ich nirgends einen Platz«.

»Was denn für Sachen?«, fragte dieser unmögliche Mensch zurück.

»Unsere Sachen«, brüllte ich laut, so langsam am Ende meiner Geduld. »Siehst du denn nicht, was hier alles rumliegt?«

»Leg' halt alles in die Kisten zurück – und hol' dir nur das heraus, was du gerade brauchst«, lautete der Vorschlag dieses Sohns des Mars, wobei er sein Schwert gürtete. »Versuch' dein Bestes, Mattie. Ich muss los. Bin bald zurück«.

Hoffnungslos blickte ich auf die bunt zusammengewürfelte Kollektion, die am Boden vor mir lag: Betttücher, Kehrichtschaufeln, Fläschchen mit Silberputzmittel, ein Stiefelknecht, alte Sättel, alte Uniformen, Hüte für die Militärparade, Schwertgürtel, Reitstiefel, geschliffenes Glas, Jalousien, Lampen, Bücher und mein Handarbeitskörbchen. Notgedrungen folgte ich Jacks Rat, und sämtliche Utensilien wanderten in die Kiste zurück.

Gegen Abend meldete sich bei mir ein Soldat, der die Fleischbestellung aufnehmen wollte. Etwas später kam ein zweiter für die Milchbestellung. Ich fragte Jack, woher diese Milch eigentlich käme. Er hatte wie üblich keine Ahnung. Später erfuhr ich, dass die Soldaten gelegentlich verwilderte Texaskühe einfingen. Die Milch wurde dann anteilsmäßig unter den Offizieren verteilt. Der jeweilige Anteil hing vom Rang des Offiziers ab. Und da stand Jack noch ganz weit unten.

Was mache ich bloß mit all unseren Sachen? Da mich diese Frage immer noch umtrieb, ging ich hinüber zu Mrs. Bailey, um zu sehen, wie sie dieses Problem gelöst hatte. Zu meiner großen Überraschung fand ich sie beim Tennisspielen. Ihr kleiner Sohn schlief ganz in der Nähe in einem Kinderwagen, den sie aus San Francisco mitgebracht hatte. Ich wurde aufgefordert mitzuspielen. Als ich Mrs. Bailey später um Rat fragte, lachte sie nur und meinte: »Sie werden sich rasch daran gewöhnen, nicht mehr so viel Platz zu haben. Lassen Sie Bowen einfach noch ein paar weitere Regale aufstellen. Machen Sie sich nicht so viele Sorgen, das löst sich alles von ganz alleine.«

So langsam kam ich zu dem Schluss, dass meine puritanische Erziehung aus mir einen Menschen gemacht hatte, der alles viel zu ernst nahm. Trotzdem grübelte ich darüber nach, ob ich vielleicht einen Fehler gemacht hatte, einen Soldaten zu heiraten. Oder hätte ich Jack wenigstens nicht nach Arizona folgen sollen?

Mit der Zeit gewöhnte ich mich tatsächlich an meine neue Umgebung. Schon bald interessierte ich mich für die Indianer, die auf der Reservation lebten. Sie gehörten zu den White Mountain Apachen. Jahrelang hatten sie Raubzüge unternommen und grausame Taten begannen, nicht nur in den Bergen, sondern auch weit davon entfernt. Diese Apachen standen jetzt unter der Kontrolle der Regierung und wurden durch eine große Garnison aus Kavallerie und Infanterie in Camp Apache bewacht. Die Indianer teilten sich in Gruppen auf, die jeweils zu einem Häuptling gehörten. Diese Häuptlinge hießen Pedro, Diablo, Patone oder Cibiano. Zweimal wöchentlich erschienen sämtliche Apachen auf dem Stützpunkt. Sie wurden gezählt und erhielten von *Onkel Sam* ihre Ration an Rindfleisch, Zucker und Bohnen.

Da es uns Offiziersfrauen hier an jeglichem Amüsements mangelte, gingen wir hinüber, um der Zeremonie beizuwohnen. Zumindest der ernste Gesichtsausdruck der Indianer gab der Angelegenheit etwas Feierliches. Große Pfähle wurden in den Boden gerammt. An jedem Pfahl stand oder saß der Häuptling, der eine Art Vaterrolle für seine Leute übernommen hatte. In langen Reihen dahinter versammelten sich die Krieger und Squaws (die alten jeweils zuerst, danach die jungen). Die Nachhut bildeten die Squaws mit kleinen Kindern. Wir spazierten die Reihen entlang, amüsiert begutachtet von den jungen Squaws. Offenbar fanden sie unsere Kleidung zum Kichern komisch. Die meisten Krieger starrten die hübsche Mrs. Montgomery an, die zur Kavallerie gehörte. Häuptling Diablo schien dagegen eher von unserer Mrs. Bailey angetan. Diablo machte auf mich einen großen Eindruck. Er war ein außergewöhnlich gutaussehender Bursche.

Hüte waren damals bei den Apachen noch unbekannt. Zu dieser Zeit hatten sie sich noch nicht weit von den Sitten ihrer Vorfahren entfernt und zeigten daher noch die malerische Schönheit ihrer Stammestracht.

Unsere unverheirateten Leutnants versuchten gelegentlich mit den oft sehr hübschen Indianermädchen anzubandeln. Doch obwohl sie ihnen allen möglichen Krimskrams anboten, wie bemalte Seifenkistchen, Perlen oder kleine Spiegel schienen die jungen Damen wenig interessiert. Die jungen Krieger ihres Stammes fanden sie offensichtlich weitaus attraktiver.

Hin und wieder fiel mir auf, dass es alte Squaws mit völlig entstellten Gesichtern gab. Zunächst vermutete ich, es handle sich um irgendeine schreckliche Krankheit. Bald erfuhr ich jedoch, dass es zu den Sitten dieses Stamms gehörte, die Nasen der Frauen abzuschneiden, die ihrem Eheherrn untreu geworden waren. Diese barbarische Art der Bestrafung schien mir ein Ausdruck für die grausame und rachsüchtige Natur der Apachen zu sein.

Was war in der Kiste, Jack?

Da sich Bowen sich als recht guter Koch erwies, getraute ich mich bald, in unser winziges Wohnzimmer mit Vorraum zum Dinner einzuladen. Eines Tages packte mich der Ehrgeiz. Um beim nächsten Dinner einmal etwas Besonderes zu servieren, wagte ich mich tollkühn an Muschelpatties. Mit der Unbekümmertheit der Jugend machte ich mich an den Teig. Danach öffnete ich eine Büchse mit Muscheln aus Baltimore. Diesmal hatte ich Glück mit meinem Teig, und die Patties, gleich nach der Suppe serviert, wurden tatsächlich ein voller Erfolg. Offizier Reilly verschlug es fast die Sprache.

»Muschelpatties in Camp Apache!«, rief er verwundert. »Und sie schmecken auch noch vorzüglich«. Danach drehte er sich zu Bowen um.

»Haben Sie die gemacht, Bowen?«, fragte er. Bowen richtete sich zu seiner vollen Größe von einem Meter achtzig auf, schlug die Hacken zusammen, blickte geradeaus und antwortete: »Jawohl, Sir«. Wie mir schien, raunte Reilly seinem Nachbarn etwas zu, das nach »den Teufel hat er«, klang. Aber ganz sicher bin ich mir nicht.

Um diese Jahreszeit war im Camp die Versorgung mit wildem Truthahn und Hammelfleisch recht gut. Darüber konnte ich mich nicht beschweren. An unsere miserable Wohnsituation gewöhnte ich mich dagegen nicht so leicht. Ich war in Nantucket in einem geräumigen Haus aufgewachsen, mit einer Vielzahl an Schlafzimmern, großen wie kleinen Räumen jeder Art sowie einem immensen Dachboden. Dieses Improvisieren mit Regalen lag mir überhaupt nicht. Außerdem entdeckte ich, dass Jack Sachen erwarb, die mir völlig wertlos erschienen. Für die musste sich auch noch irgendwo ein Platz finden. Ich bat ihn eindringlich, diese nutzlosen Käufe zu unterlassen; erinnerte ihn daran, dass er jetzt verheiratet sei; dass wir für solche Späßchen kein Geld hätten und so weiter. Am Ende meiner langen Rede versprach Jack tatsächlich sich zu bessern. Er versagte sich fortan so verlockende Gelegenheitskäufe wie uralte Sättel, Cowboyhüte, Pistolen oder Gewehre. All dieses nutzlose Zeug gab es immer wieder zu Sonderpreisen im Campladen. Eine

Auktion erwies sich für Jack dann doch als zu große Versuchung. Mit triumphaler Miene erschien er bei mir mit einer Kiste, die völlig veraltete zahnärztliche Instrumente enthielt.

»Du lieber Himmel«, rief ich, »was willst du denn mit diesen riesigen Zangen jemals anfangen?«

Die Begeisterung meines Mannes blieb ungetrübt. »Diese Zangen«, behauptete er, »werden wir eines Tages noch gut gebrauchen können«.

Jack liebte offenkundig altes Werkzeug, Instrumente und Dinge, die mir als alter Trödel vorkamen. Wieso sollte ich ihm das eigentlich nicht gönnen? Ich stellte allerdings klar, dass ich beim nächsten Umzug nicht bereit sei, diesen alten Kram für ihn einzupacken. Mit dieser bissigen Bemerkung meinerseits endete die Zangenepisode. Vorerst jedenfalls.

Hier in Camp Apache fühlte ich mich des Öfteren einsam und deprimiert. Jack war meist im Dienst, hielt sich aber auch gern im Laden auf, denn dort trafen sich Offiziere, Soldaten und sämtliche Rancher der Umgebung. Hier wurde Poker gespielt, es gab aber auch einen regen Austausch von Nachrichten und wilden Gerüchten jeglicher Art.

Die beiden anderen Offiziersfrauen, Mrs. Montgomery und Mrs. Bailey, schienen das Armeeleben völlig anders zu betrachten als ich. Mrs. Bailey war außerdem völlig damit beschäftigt, für ihr Baby zu sorgen und den verschiedensten Sportarten nachzugehen. Mir blieb daher niemand, mit dem ich über meine Ängste, Sorgen und Nöte hätte reden können. Hier schien man das Leben nicht so ernst zu nehmen wie in Neuengland. Dort setzten sich die Frauen bei jeder Gelegenheit zusammen und beredeten die Dinge ausführlich. Wie sehr sehnte ich mich jetzt nach meiner Mutter und meinen Schwestern!

Umso wichtiger war für mich der Tag, an dem der Postreiter endlich mit Briefen von zuhause angetrottet kam. Der Postsack, der festgeschnürt an seinem Sattel hing, hatte da meist schon eine wochenlange Reise hinter sich. Vom Endpunkt der Eisenbahn in Santa Fe war er mit der Postkutsche befördert worden, bis man ihn an einer bestimmten Abzweigung in New Mexiko dem Postreiter für Camp Apache übergab. Mit Bestürzung hörte ich, dass einer unserer Postreiter von Indianern getötet worden war. Vermutlich von ein paar jungen Kriegern, die sich in den Bergen oder in der Wildnis herumtrieben.

»Ich kann überhaupt nicht begreifen«, sagte ich zu Jack, »dass die Armee immer noch Freiwillige findet, die diese gefährliche Mission übernehmen«.

»Aber die Soldaten reißen sich darum«, antwortete Jack. »Die meisten sind heilfroh, einen Auftrag zu bekommen, der ihnen etwas Abwechslung bietet«.

Ich bewunderte schon bald den Mut dieser einfachen Soldaten. Auch hatten sie sich auf unserem langen Marsch nach Camp Apache rührend um mich gekümmert. Damals blieb ein Soldat noch viele Jahre bei der gleichen Einheit. Er entwickelte daher ein stolzes Zugehörigkeitsgefühl, das auch ich bald teilte. Es dauerte nicht lange, bis ich die Namen eines jeden einzelnen Soldaten kannte, der zur Kompagnie meines Mannes gehörte.

Während ich diese einfachen Soldaten respektierte, trat ein Individuum in das Kaleidoskop meines Armeelebens, für das ich schon nach unserer ersten Begegnung nichts als Verachtung übrig hatte: der Indianeragent.

»Der Himmel erlöse uns von einer Regierung, die uns Kerle wie diesen als Aufpasser und Unterhändler für die Indianer schickt«, schimpfte ich lauthals, sobald dieser unrasierte und ungekämmte Mensch unser Quartier wieder verlassen hatte. Ich sagte Jack klipp und klar, dass ich dieses abstoßende Exemplar nicht noch einmal in unseren vier Wänden zu sehen wünschte. Tatsächlich ist mir in all den langen Jahren im Grenzland nicht ein einziger Indianeragent begegnet, der die Indianer anständig behandelt hätte. Wir Weiße nennen die Indianer oft *Kinder der Natur* und behandeln sie dementsprechend. Ich bin mir allerdings sicher, dass sie ein sehr gutes Gespür dafür haben, ob sie einem Gentleman gegenüberstehen, der sein Wort hält, oder einem Schurken.

Major Worth fand das Leben im Camp irgendwann viel zu monoton. Aus diesem Grund schmückte er sein geräumiges Quartier mit allerlei Grünzeug und organisierte einen Ball. Dieser Ball blieb mir im Gedächtnis, denn der Major hatte nicht nur sämtliche Offiziere sondern auch die Häuptlinge der Apachen samt ihren Harems eingeladen. Ein paar Soldaten spielten Banjo und die Häuptlinge tanzten mit unseren (nicht allzu begeisterten) Offizieren eine Quadrille. Auf der Tanzfläche erschienen die Häuptlinge grell bemalt, mit einer Halskette geschmückt, ansonsten aber in ihrer üblichen Kleidung, sprich einem knappen Lendentuch. Nach dem Tanz hüllten sie sich sofort wieder in ihre Decken. Die Konversation erfolgte mittels Handzeichen oder Dolmetscher. Häuptling Diablo war von Mrs. Bailey völlig verzaubert. Er wollte von Bailey wissen, für wie viele Ponys er sie verkaufen würde. Insgesamt verlief diese seltsame Begegnung recht gut, doch soviel ich weiß, wurde sie nie mehr wiederholt.

Als man uns kurz darauf zu einer Tanzvorführung der Indianer einlud, dachte ich bei mir, ein bisschen Abwechslung könne mir nicht schaden. Daher marschierten wir drei Offiziersfrauen mit unseren Ehemännern durch die dunkle Arizonanacht. Gemeinsam überquerten wir den riesigen Exerzierplatz und suchten uns danach mühsam unseren Weg durch schroffes Gelände, in dem es keinerlei Fußpfade gab. Am Rande einer Schlucht angekommen, blickten wir hinunter in eine Art Amphitheater. Was für ein Anblick! Riesige Feuer loderten unter uns, Horden wilder Apachen rannten hin und her, während andere auf Holzstämmen saßen und ihre *Tom-Toms* schlugen. Da ich mich jetzt schon fürchtete, blieb ich etwas hinter den anderen zurück. Die kletterten jedoch bereits die Schlucht hinunter, daher blieb mir nichts anderes übrig als an Jacks Arm geklammert zu folgen. Wir setzten uns auf den Stamm eines gefällten Baums. Kurz danach erschienen die Tänzer in der Arena. Bis auf ein Lendentuch waren sie völlig nackt, dafür grell bemalt. An Ellbogen und Knien standen Federbüsche ab, was ihnen das Aussehen riesiger Flügeltiere gab. An den Armen und um den Hals trugen sie kleine Glöckchen, auf dem Kopf eine Art Wapitigeweih. Mal senkten sie beim Tanz das Geweih, mal drehten sie sich blitzschnell. Im Schein des wild prasselnden Feuers wirkten sie mit ihren Federn mal wie exotische Vögel, mal wie fremdartige Tiere und Sekunden später wie wilde Dämonen. Das Getrommel, das Geschrei, das Klingeln von Glöckchen wurde immer lauter, der Tanz immer ausgelassener. Ein grotesk wildes Schauspiel. Nach einer kurzen Pause erschienen mit feierlichen Schritten zwei weitere Tänzer, die sich mit gezückten Messern umkreisten. Orpheus musste wohl so etwas ähnlich Verrücktes erlebt haben, als er sich in die Region des Hades begab. Plötzlich wurden aus den Rufen Kriegsschreie, die Dämonen wippten mit ihren riesigen Geweihen, die Trommler entlockten ihren *Tom-Toms* einen entsetzlichen Lärm. Jetzt erfasste mich eine geradezu lähmende Furcht. Was wäre bei einem heimtückischen Angriff der Indianer? Hatten sie unsere kleine Gruppe womöglich in diese tiefe Schlucht gelockt? Wenn ja, dann saßen wir hier in der Falle. Ich sah auch auf den Gesichtern der beiden anderen Frauen ein großes Unbehagen. Als wir die steile Flanke der Schlucht wieder hinaufkletterten, fühlte ich, wie mich so langsam die Kräfte verließen. Oben angekommen war ich dankbar, diesem Horrorszenario entkommen zu sein.

Kaum drei Monate später feuerten dieselben Indianer ein paar Schüsse auf die Garnison ab und flohen danach in die Berge. Ich sagte Jack, dass ich unseren Besuch bei den Indianern im Nachhinein für reichlich unvernünftig hielt. Er gab mir völlig recht. In der nächsten Zeit hörte ich die abscheulichsten Geschichten über die entsetzlich grausamen Taten, die diese Apachen begingen. Sie verwüsteten ringsum das Land, verkrüppelten Schafe, schnitten Kühen die Beinsehnen durch, um sie anschließend einfach verenden zu lassen. Ich hörte von Rancherfamilien, die man gemartert, getötet und anschließend verbrannt hatte. Ich wusste, dass die Armee Scouts losgeschickt hatte, diese Mörderbande wieder herzuschaffen, lebendig oder tot.

Eines Abends hörten wir Gewehrfeuer auf der anderen Seite des Cañons. Augenblicklich gürtete Jack sein Schwert und rannte nach draußen.

»Rothäute feuern aufeinander«, meldete ihm ein Soldat. Da der Kampf die Garnison nicht betraf, forderte Jack mich auf, in den Garten rauszukommen. Über die Palisaden hinweg sollte ich beobachten, was sich auf der anderen Flussseite tat.

Ich legte also meine Handarbeit beiseite und versuchte über die Palisaden zu blicken. Als Jack erkannte, dass ich dafür viel zu klein war, holte er eine Kiste, die direkt unter dem Fenster des Armeedoktors stand. Mit einem lauten Krach fiel etwas zu Boden und kullerte davon. Ich erschrak und fragte Jack: »Was war das?«

»Nur ein alter Edamerkäse«, log mein treuherziger Soldat. Ich beobachtete das Gewehrfeuer und zog mich danach schnellstens wieder ins Quartier zurück.

»Was war in der Kiste, Jack?«, wollte ich abends im Bett wissen. »Sag es mir lieber gleich, oder ich gebe keine Ruhe.«

»Wenn du es unbedingt wissen musst – es war ein Indianerschädel. Der Doktor wollte ihn eigentlich nach Washington mitnehmen. Irgendwas war missgestaltet, ich glaube der Kieferknochen. Aber der Schädel war zum Mitnehmen wohl schon etwas zu alt.« Jack fand das alles sehr komisch.

»Ein Glück, dass du ihn nicht früher entdeckt hast, was Mattie? Du hättest sonst einen Schreck bekommen. Ich werde dafür sorgen, dass er weggeräumt wird. Erinnere mich morgen früh daran« – und damit fiel mein schlachtenerprobter Soldat in jenen friedlichen Schlummer, der furchtlosen Helden eigen ist.

Mitten in einer wunderschönen Party bei Mrs. Montgomery hörten wir plötzlich die Schritte von Mokassins. Meine Nerven waren zu dieser Zeit in ständiger Alarmbereitschaft. Ich blickte durch die offene Tür hinaus und sah dort eine Gruppe Scouts stehen. Nahe der Haustür legten sie vor dem Kaminfeuer einen Kaffeesack nieder. Der kommandierende Offizier verließ eiligst die Tafel und zog hinter sich die Portiere zu. Am nächsten Tag erzählte mir Jack, im Sack sei der Kopf des Rädelsführers dieser flüchtigen Apachen gewesen. Die anderen hätten sich ergeben.

Diese Scouts gehörten ebenfalls zu den Apachen, standen aber im Sold der Regierung. »Die machen selbst Jagd auf ihre nächsten Angehörigen«, behauptete Jack, »vorausgesetzt *Onkel Sam* bezahlt sie gut dafür.«

Ein neuer Rekrut

Im Januar erschien unser Sohn Harry. Da er das erste Baby war, das in Camp Apache in eine Offiziersfamilie geboren wurde, sorgte er für viel Aufregung. Rasch sprach es sich meilenweit herum, worauf sich jeder Schaffarmer, Rancher oder Cowboy aus der Umgebung aufmachte, um Jack die Hand zu schütteln, ihm zu gratulieren und mit ihm auf das Wohl des Babys anzustoßen. Das war alles rührend und lieb gemeint, für Jack jedoch eine gewisse Herausforderung.

Einsam fühlte ich mich jetzt natürlich nicht mehr, aber ohne jede weibliche Unterstützung lag ich im Bett mit einem Neugeborenen und fühlte mich völlig hilflos. Eine Wäscherin der fünften Kavallerie kam für zwei Stunden vorbei und versorgte uns beide mit dem Nötigsten. Der Garnisonsarzt half mir, so gut er eben konnte, war aber leider selbst nicht in der besten gesundheitlichen Verfassung und wurde kurz darauf abberufen. Jack verlegte von meinem Bett aus ein Seil, das durch die dicken Wände hindurch bis in die Küche hinaus führte. Daran befestigte er eine Kuhglocke, damit ich um Hilfe läuten konnte. Es kostete mich jedoch schon einige Mühe, dieses Seil überhaupt zu erreichen. Meist war das Läuten sowieso umsonst, da Bowen irgendwo beim Exerzieren unterwegs war. Selbstverständlich eignete sich Bowen nicht unbedingt als Kindermädchen für Harry und mich, obwohl er auf seine freundliche, aber reichlich unbeholfene Art sein Bestes gab.

Meine verzweifelten Versuche, schnell wieder zu Kräften zu kommen, endeten damit, dass ich mich zunehmend schwächer fühlte. Eines Tages kam Jack dazu, als sein Sohn wie am Spieß brüllte, während ich hilflos heulte.

»Was ist denn hier los?«, wollte er wissen.

Welch typische Frage für einen Mann! Zum Glück begriff er schließlich meine verzweifelte Lage und schickte Reiter aus, die in allen Richtungen nach einer weiblichen Hilfe für mich suchten. Irgendwann kehrten sie mit einer Mexikanerin zurück, die sie wohl in irgendeinem Holzfällercamp in der Wildnis aufgegabelt hatten. Dieses Mädchen war jedoch viel zu jung, reichlich einfältig und nur in der Lage, sich in einer Art mexikanischem Kauderwelsch zu verständigen. Leider war sie nicht fähig, auch nur die einfachsten Aufgaben für mich zu erledigen. Ich kramte mein altes Spanischwörterbuch hervor und versuchte ihr zu erklären, dass sie Wasser für mich holen sollte. Da sie offenkundig den Sinn und Zweck von Waschbasin und Schwamm nicht zu kennen schien, starrte sie mich nur verständnislos an, bis ich schließlich erschöpft in mein Kopfkissen zurücksank. Danach stand ich auf und erledigte alles selbst, gegen die ausdrückliche Order von Arzt und Ehemann. Bei Nacht schlief dieses Geschöpf der Wildnis den Schlaf des Gerechten. Noch so lautes Brüllen half da nichts. Jack wickelte um ihr Kopfkissen eine Kordel, an der ich Zupfen konnte. Sie wachte jedoch nicht einmal auf, als ich ihr das gesamte Kissen unter dem Kopf wegzerrte. Es half alles nichts, wir mussten sie wegschicken.

Sieben Tage nach Harrys Geburt machten mir die Häuplingsfrauen der Apachen ihre offizielle Aufwartung. Als Geschenk brachten sie mir einen wunderschönen *Papoose-Korb* mit, aus leichtem Holz gefertigt, mit gegerbtem Rehkitzfell bespannt und mit blauen Perlen bestickt. Dieser praktische Korb dient als Wiege, lässt sich aber auch zu einer Trage umfunktionieren, mit der eine indianische Squaw ihr Baby (*papoose*) überall hin mitnimmt. Ich bewunderte dieses außerordentlich schöne Geschenk und versuchte, meine aufrichtige Dankbarkeit auszudrücken. Die Squaws holten das Baby aus dem Bett und legten es in die Wiege. Ihr sanftes Lachen, ihre ganze liebevolle Art, mit der sie mit dem Baby kommunizierten, sorgte schon bald dafür, dass Harry friedlich in seinem neuen Körbchen schlummerte. Ich war völlig gerührt von diesem freundlichen Besuch.

Jack führte kurz darauf Major Worth zu uns herein. Der tappte auf Zehenspitzen bis zur Wiege, in die er eine ganze Weile wortlos hineinstarrte, bis er schließlich etwas vor sich hinmurmelte, das sich wie »ich will verdammt sein!« anhörte. Als er jedoch auf mich zukam, um mir die Hand zu schütteln, sah man ihm die innere Rührung an. Der jüngste Rekrut der K-Kompagnie war damit seinem Vorgesetzten offiziell vorgestellt.

Als nächstes brauchte ich dringend einen Waschzuber für mein Baby. Im Campladen suchten sie alles ab, bis mir der Besitzer schließlich ein großes, sauber geschrubbtes Gefäß schickte, das so aussah, als hätte sich bis vor kurzem noch ein völlig anderer Inhalt darin befunden. Harry badete daher täglich in einem Zuber mit der Aufschrift: *Salzmakrelen-Qualität-1 A.* Die morgendliche Badezeremonie bot den Indianern ein großartiges Spektakel. Das gesamte Fenster war stets ausgefüllt mit den Köpfen neugieriger Squaws und junger Krieger.

Einmal die Woche sorgte Bowen für Sauberkeit im gesamten Kinderzimmer. Harry und ich warteten so lange draußen in der Küche. Dort fiel mir eine Kladde auf, die im Regal lag. Neugierig blickte ich hinein und las: TANTE HEPSEYS MUFFINS, SARAS INDIANER-PUDDING, HATTYS LIMONENTARTE UND TANTE SUSANS METHODE, EINE HAMMELKEULE ZU KOCHEN. Hier standen, in ungelenk geschriebenen Großbuchstaben, meine eigenen Familienrezepte. Als ich auf dem Deckblatt dann auch noch die Aufschrift *CHARLES BOWENS REZEPTBUCH* fand, musste ich so herzhaft lachen, wie schon seit langem nicht mehr.

Anfang April kam endlich Jacks langerwartete Beförderung zum ersten Leutnant. Gleichzeitig erhielt er die Order nach *Camp MacDowell* umzuziehen. Als Harry neun Wochen alt war, begannen wir mit Packen. Ich hatte inzwischen einiges an Erfahrung gesammelt, wie man mit einem Baby umgeht. Allerdings kämpfte ich immer noch mit völliger Kraftlosigkeit und miserabler Gesundheit. Der neue Garnisonsarzt war mir leider keine Hilfe. Dieser junge Mann schien eher darin versiert, Beine zu amputieren. Von Gesundheitsvorsorge für junge Mütter mit ihren Babys hatte er jedenfalls weniger Ahnung als ich.

Eine unvergessliche Reise

Sechs Reiter der Kavallerie, alle schwer bewaffnet, trabten an unserer Seite, als wir an einem Aprilmorgen mit zwei Ambulanzwagen (einer für die Baileys, einer für uns), zwei Gepäckwagen sowie einem mexikanischen Führer Camp Apache verließen. Auch die Kutscher waren allesamt bewaffnet und in den Ambulanzwagen hingen noch zusätzliche Gewehre. Ich selbst trug eine kleine Derringer in einem schmalen Gurt, der mit Patronen gefüllt war. Eine junge Mutter, blass und schmal, mit einem Baby auf dem Arm und einer Pistole an der Hüfte. Was für ein seltsamer Anblick!

Am Ende eines langen Tages erreichten wir Cooleys Ranch. Mr. Cooley war ein weißer Dolmetscher und Scout. Da er mit einer Häuptlingstochter verheiratet war, galt er in dieser Gegend als *Squaw-Man*. Auf der Ranch begrüßten uns jedoch zwei unglaublich junge Mädchen, beide sehr hübsch, ordentlich gekleidet und sauber. Sie kochten uns ein köstliches Abendessen. Als Jack und ich unser Nachtlager auf dem Boden richteten, beobachteten uns ein paar fast nackte Mischlingskinder unablässig. Das war ja irgendwie ganz niedlich, aber nicht gerade einschläfernd. Ich blickte daher sinnierend ins Feuer, das in der Ecke brannte. Schließlich flüsterte ich: »Jack, was glaubst du, welches dieser Mädchen ist Mrs. Cooley«.

»Vermutlich alle beide«, brummte mein todmüder Mann. Sein missmutiger Ton deutete an, dass er zu diesem Thema keine weitere Diskussion wünschte. Seit meiner Heirat in die Armee hatte ich schon oft Schwierigkeiten damit gehabt, die strikte puritanische Moral, mit der ich erzogen worden war, mit dem zu vereinen, was ich im Grenzland hörte und sah. Erst mit der Zeit gelang es mir, so manches tief verwurzelte Vorurteil endgültig loszuwerden.

Am nächsten Morgen bereiteten uns die beiden Squaws ein gutes Frühstück. Erfrischt machten wir uns auf den weiteren Weg, der uns an diesem Tag über einen Landstrich führte, den man *malapais* nennt. Obwohl alles eben war, plagten sich die Mulis mühevoll über Lavageröll. Unter den Wagenrädern knirschte und knackte es ununterbrochen. Völlig erschöpft erreichten Mensch und Tier die nächste

Ranch, die wieder einmal nichts weiter war als ein seit langem verlassener Schafstall. Auf der Karte war sie jedoch noch mit dem Namen des früheren Besitzers verzeichnet, denn an solchen Punkten fand man mit Sicherheit noch eine Zisterne.

Während Mrs. Bailey und ich versuchten, die Mühsal dieser Reise herunterzuspielen, taten Bailey und Jack ihr Bestes, uns zu unterstützen, wo immer es ging. Wir Frauen hatten in dem eiskalten Wasser der Zisterne die Handtücher für unsere Kleinen ausgewaschen. Mit den klatschnassen Handtüchern stellten sich unsere Ehemänner nun an das Campfeuer und wedelten sie trocken. Plötzlich drehten sich beide Leutnants in Uniform lachend zu uns um. Vermutlich ging ihnen jetzt erst auf, welch komisches Bild sie boten.

Dreißig Meilen weiter erreichten wir am nächsten Tag Walkers Ranch. Hier gab es tatsächlich noch einen Besitzer, der uns großzügig erlaubte, in seinem Schlafzimmer zu übernachten. Dankbar nahmen wir an, denn wir fühlten uns alle todmüde. Leider wurde es keine erholsame Nacht, denn wie überall im Grenzland hatte auch diese Ranch statt Fenstern nur Öffnungen. Den Luxus von Glasfenstern hätte sich damals kein Rancher leisten können. Wilde Katzen sprangen daher ungehindert zu einer Öffnung herein und zur anderen wieder hinaus, wobei sie mit langen Sätzen unsere Betten überquerten. Bald war in diesem Schlafzimmer die Hölle los. Während beide Babys laut zu brüllen anfingen, schleuderte Bailey seine schweren Armeestiefel mit kräftigen Flüchen nach den Katzen, worauf sich seine Hunde freudig bellend an der Hatz beteiligten. Für kurze Zeit war alles still. Dann kehrten die Katzen zurück, die Hunde warfen sich wieder bellend ins Getümmel, die Babys brüllten und dieses Mal versuchte Jack sein Glück mit den Stiefeln und den Flüchen. So ging das die ganze Nacht hindurch.

Am nächsten Tag kauften wir einem Farmer zwei Schafe ab. Ich versuchte nicht hinzusehen, als die beiden armen Kreaturen gefesselt in einen Gepäckwagen geworfen wurden. Kurz darauf begegnete uns ein Mann, der uns vor dem nächsten Pass warnte. Er sei dort von Indianern beschossen worden. Die Männer nahmen diese

Warnung nicht sonderlich ernst. Doch schon eine Stunde später passierten wir eine alte Adobe-Ruine, aus der zwei völlig verängstigte Mexikaner hervorkrochen. Wild gestikulierend redeten sie auf unseren mexikanischen Führer ein und zeigten dabei ständig in Richtung *Sanford Pass*. Ganz offensichtlich waren sie einer Horde Indianer gerade noch lebend entkommen. Die Indianer erbeuteten jedoch ihre Ponys, ihre Hüte sowie ihren gesamten Proviant. Seit eineinhalb Tagen hatten sie sich schon in der Ruine versteckt gehalten. Wir versorgten sie mit Essen und Trinken. Sie nahmen alles dankbar an. Danach beschworen sie die *Caballeros*, im Namen der heiligen Jungfrau, auf gar keinen Fall den Pass zu überqueren.

Bailey und Jack berieten sich. Ihr Entschluss lautete: es geht weiter. Jack inspizierte sein Gewehr und prüfte anschließend, ob meine Pistole geladen war. Mein Mann sprach im allgemeinen kein einziges Wort zuviel, doch jetzt hielt er mir folgende Ansprache:

»Also, Mattie«, fing er an, »pass mal auf. Ich glaube für keine Sekunde, dass sich auf diesem Pass auf nur ein einziger Indianer rumtreibt. Mach dir da keine Sorgen. Aber« - und jetzt zögerte er - »sollte ich mich täuschen dann - nun, du hast deine Pistole. Verhindere in jedem Fall, dass sie dich und Harry lebend erwischen. Du weißt ja, die Squaws sind zu Gefangenen noch gemeiner als die Krieger«.

Ich lag mit meinem Baby auf dem Boden des Ambulanzwagens und versuchte, ein Gebet zu sprechen. Jack saß reglos da, Gewehr in der Hand. Mit völlig ausdrucksloser Miene beobachtete er die eine Seite des Ambulanzwagens, während ein kräftiger Soldat der Kavallerie, Karabiner schussbereit, auf der anderen Seite entlangritt. Minuten erschienen mir wie Stunden. Ich wagte mich nicht zu rühren, bis ich Jack laut rufen hörte: »Wir sind raus aus diesem gottverdammten Pass«. In diesem Moment störte mich sein Fluchen kein bisschen. Ich blickte zu Ella Bailey hinüber. Wortlos sahen wir uns an und brachen plötzlich beide in Tränen aus. Bailey und Jack versuchten uns auf Männerart zu trösten, indem sie uns nötigten, einen guten Schluck Whisky zu trinken. War es tatsächlich erst Stunden her, dass wir Walkers Ranch verlassen hatten? Meinem Gefühl nach war ich um Jahre gealtert.

Colorado Chiquito

Plötzlich kam unser mexikanischer Führer herangaloppiert, machte eine graziöse Handbewegung nach Westen hin und rief begeistert: »*Colorado Chiquito!*« Und tatsächlich – in der Ferne sah man den engen, gewundenen Fluss, dessen Oberfläche in der Abendsonne so spiegelglatt wirkte wie Glas. An seinen Ufern schien Schnee zu liegen, der sich später leider als Alkali herausstellte.

Wir fuhren direkt an die Furt heran. Sie war als *Sunset Crossing* bekannt. Der Führer ritt mit seinem Pony ein oder zweimal ins Wasser, schüttelte den Kopf und rief in Spanisch, hier sei überall zu viel Treibsand. Wir entschlossen uns daher, die Zelte aufzuschlagen und mit der Überquerung bis zum nächsten Morgen zu warten. Darüber war ich ganz froh, denn ich spürte die Strapazen dieses Tages. Auch steckte mir noch der Schrecken in den Gliedern und mein armes Kind schrie unablässig. Als ich versuchte, den Staub von ihm abzuwaschen, reizte das alkalihaltige Wasser seine ohnehin schon irritierte Haut. Ich fühlte mich hilflos und völlig verzweifelt, denn jetzt brachen an seinem Köpfchen auch noch Blasen auf. Da ich in dieser Nacht wieder einmal schlaflos dalag, hörte ich umso lauter das klagend dämonische Geheul scheinbar zahlloser Kojoten. Am nächsten Morgen sah ich in meinem kleinen Handspiegel ein hohlwangiges Gesicht mit tiefliegenden Augen. War ich das, oder war es Gevatter Tod, der mir da entgegenblickte? Zum Glück zeigte der kleine Spiegel nicht allzu viel von meinem Haar. Ich musste Jack daher wohl oder übel glauben, dass es über Nacht nicht schlohweiß geworden war.

Am nächsten Morgen sollten unsere drei schweren Armeekisten als erstes die Furt überqueren. Dafür wurden zehn Mulis vor unseren Ambulanzwagen gespannt. Der Kutscher schwang die Peitsche, die Mulis zogen an. Doch schon nach kurzem fürchteten sie sich vor dem Treibsand. Mitten im Fluss blieben sie stehen, steckten die Köpfe unter Wasser und wären wohl einfach ertrunken. »Schneidet die Mulis los«, brüllte Jack und die Soldaten sprangen in den Fluss. Als die zehn Mulis wieder an Land krochen, seufzte ich erleichtert.

Doch schon im nächsten Augenblick sah ich, dass jetzt unsere Armeekisten davonschwammen.

»Um Himmels willen, rettet die Kisten«, rief ich laut, denn darin steckte unser gesamtes Hab und Gut. Wieder sprangen die Soldaten in den Fluss. Mit Haken und starken Seilen zogen sie die Kisten wieder an Land. Mir erschien es, als würde das eine halbe Ewigkeit dauern.

Als nächstes stand die Rettungsaktion für den Ambulanzwagen an. Eine wahre Herkulesaufgabe, dazu auch noch höchst gefährlich. Er steckte nämlich richtig fest – mitten im Fluss, halb unter der Wasseroberfläche und mit einem Vorderrad im Treibsand. Für die Soldaten bedeutete das, sie mussten dieses riesige Vehikel Stück für Stück auseinanderbauen und jedes einzelne Teil an Land bringen. Zum Glück verlief alles ohne Zwischenfälle. Als das letzte Wagenteil an Land erschien, überraschten Mrs. Bailey und ich die völlig erschöpften Männer mit einem heißen Armeegrog. Die Arbeit war jedoch noch längst nicht getan, denn jetzt musste der Wagen wieder zusammengesetzt werden, dieses Mal als Boot. Damit das ganze Schwimmen konnte, war es nötig, unter dem Wagenkasten eine Zeltplane durchzuziehen und weiter oben wieder zu befestigen. Ich war sehr stolz auf Jack, denn mein Leutnant wusste, wie man so etwas macht. Schließlich war er früher bei der Marine gewesen. Vermutlich gab es auf der ganzen Welt kein Boot, das seltsamer aussah, aber es trug uns sicher über das heimtückische Wasser des Colorado. Auf der anderen Flussseite wurde wieder ein Camp aufgebaut, denn es dauerte bis zum Abend bis der zweite Ambulanzwagen, sämtliche Gepäckwagen, alle Menschen und Tiere auf der anderen Uferseite gelandet waren.

Am nächsten Tag fehlte mir schon nach kurzer Fahrt die Kraft, mein Baby weiterhin im Arm zu halten. Zum Glück fiel mir jetzt endlich wieder der Papoose-Korb ein. Obwohl das für eine Verzögerung sorgte, wickelte ich Harry sicher in sein Körbchen ein und übergab ihn einem Soldaten der Kavallerie. Gelegentlich wachte er auf und verlangte lautstark nach Nahrung. Da ich jedoch nicht noch einmal die gesamte Truppe aufhalten durfte, musste auch mein armes Baby mit uns Hunger und Durst erleiden.

Tags darauf kampierten wir in *Camp Starvation*. Wer hier am Hungertod gestorben war, stand zwar nicht auf dem primitiven Namensschild, jedoch lagen genügend ausgebleichte Knochen und Schädel von Zugochsen herum, stumme Zeugen, die von Hunger, Durst, Elend, Not und Tod berichteten.

Am Abend saßen wir alle miteinander völlig erschöpft um ein Campfeuer. Harry schlief bereits im Zelt. Plötzlich hörten wir einen durchdringenden Schrei von unserem Sohn. Wir stürzten ins Zelt, zündeten eine Kerze an und fanden ihn – man kann sich diesen Horror kaum vorstellen – von Kopf bis Fuß mit schwarzen Ameisen bedeckt. Er klagte hilflos und seine winzigen Ärmchen wedelten in der Luft herum.

»Oh mein Gott«, rief Jack, »das Zelt steht auf einem Ameisenhaufen«. Ich riss mein Kind aus seinem Bettchen, rannte nach draußen zum Feuer und fegte dabei so viele Ameisen wie möglich von seinem Körper. Noch heute überkommt mich ein Schauer, wenn ich nur an diese hässlichen, langbeinigen schwarzen Ameisen denke.

Am nächsten Morgen erreichten wir endlich *Fort Verde*. Mrs. O'Connel hieß uns mit freundlichstem Lächeln willkommen. Doch dann entdeckte sie das Papoose-Körbchen.

»Um Himmels willen, was ist denn das?«, rief sie völlig verdutzt. Ihr seid doch wohl bei den Indianern nicht selbst zu Wilden geworden?«

Wir hatten nicht bedacht, was für einen Eindruck wir in diesem zivilisierten Camp machen würden, in dem man absolut nichts vom Leben mit den Apachen oder von den Gefahren und Strapazen einer Reise durch das Indianergebiet wusste. Hier hingen Spitzenvorhänge an den Fenstern, die Damen präsentierten sich in hübschen Kleidern und die Offiziere trugen makellose Uniformen. Weitere Offiziersfrauen näherten sich jetzt mit spöttischem Lächeln, das barbarische Kunstwerk zu bewundern. Doch als ich aus dem Körbchen ein Baby auswickelte, mit traurigem Gesicht und einem Verband um den Kopf, da verging ihnen jeglicher Spott. Stattdessen nahmen sie Harry auf den Arm und kümmerten sich liebevoll um ihn.

Fort Whipple war jetzt nur noch eine Tagesreise von hier entfernt. Dort empfing uns die Frau des Quartiermeisters. Sie warf einen Blick auf Harry und meinte: »dieses Baby ist todkrank«. Danach nahm sie Harry unter ihre Fittiche und erklärte, wir würden ihr Haus erst wieder verlassen, wenn er wieder völlig gesund sei. Unter der liebevollen Fürsorge von Mrs. Aldrich blühten mein Baby und ich bald wieder auf.

In Fort Whipple gab es für uns ein fröhliches Wiedersehen mit Captain Porter. Wie ich von ihm erfuhr, war er inzwischen einer Heirat mit Miss Wilkins noch keinen Schritt näher gekommen. Er gab jedoch nicht auf, und nach insgesamt sieben Jahren zahlte sich seine Hartnäckigkeit endlich aus.

Während sich unser Freund Bailey schon bald wieder auf die Rückreise nach Arizona machte, blieb seine Frau bei ihrer Familie in Fort Whipple zurück. Mit großer Bestürzung hörten wir wenige Monate später, dass sie bei der Geburt ihres zweiten Kindes gestorben war.

Ich fühlte mich in diesem Fort recht wohl. Irgendwann erwähnte Jack ganz nebenbei:

»Ach übrigens, wir fahren nicht wie geplant nach *Fort MacDowell.*«

»Und wohin fahren wir stattdessen?«, fragte ich arglos.

»Nach *Ehrenberg*«, verriet Jack.

»Du bist wohl völlig übergeschnappt«, rief ich. »Nach Ehrenberg gehe ich nicht mit.«

Jetzt appellierte Jack mal wieder an meine Vernunft. In Ehrenberg, argumentierte er, könne ich doch jederzeit nach San Francisco fahren. Von Fort MacDowell aus wäre das nicht so einfach. In den nächsten Tagen entfaltete er seine gesamte Überredungskunst, um mich von Ehrenberg zu überzeugen. Schließlich glaubte ich selbst, Ehrenberg sei für mich das kleinere Übel.

Ehrenberg

Auf unserer Reise nach Ehrenberg begleiteten uns nur noch zwei Kavalleriesoldaten. Die ersten zwei Tage fuhren wir durch relativ zivilisiertes Land und übernachteten abends auf irgendeiner gemütlichen Ranch. Am dritten Tag erreichten wir die scheinbar endlose Colorado-Wüste. Hier war alles weiß, kahl und erschreckend still. Überall huschten hübsche, weiße Eidechsen über unseren Weg. Neugierig richteten sie sich auf und begutachteten uns aus glänzend schwarzen Knopfäuglein. Gegen Mittag hoben die Maultiere plötzlich den Kopf. Sie spürten wohl, dass es in der Nähe Wasser gab, was ihr Tempo mächtig beschleunigte. Kurze Zeit später hielten wir an einem Ort namens *Mesquite Wells*. Hier lebte in einer kleinen Holzhütte ein alter Mexikaner völlig allein. Nur sein Maulesel leistete ihm Gesellschaft. Jahrein, jahraus wartete er auf Reisende, die ihm etwas Wasser abkauften. Liebend gern hätte ihn gefragt, wie man es in dieser Einöde aushält, ohne eine andere Menschenseele weit und breit.

Während die Maultiere getränkt und das Wasserfass gefüllt wurde, erschlug einer der Soldaten eine Klapperschlange. Kurz darauf erschien er mit den Klappern, die erste Rassel für meinen Sohn, die ihm unglaublich viel Freude bereitete.

Jack sollte in Ehrenberg den Posten des Quartiermeisters übernehmen. Damit war er jetzt im sogenannten *detached Service*. Für Jack bedeutete das, er gehörte ab sofort zu keiner Garnison. Für mich bedeutete das wiederum, dass mir kein Striker zur Verfügung stand, dass ich mich um unsere Versorgung mit Lebensmitteln selbst kümmern musste, dass es weit und breit keine andere Offiziersfrau gab, mit der ich mich hätte unterhalten können, und – ganz wichtig für eine junge Mutter mit Baby – dass es hier keinen Garnisonsarzt gab. Auch hatte ich absolut nichts mehr zum Anziehen, aber das fand ich erst heraus, als ich meine Kleiderkiste öffnete.

Captain Bernard, der bisherige Quartiermeister, hatte einen Junggesellenhaushalt geführt. Dementsprechend trostlos sah das Ge-

bäude aus, in das wir jetzt einzogen. Roter Lehmboden, weiß ge-
kalkte Wände und nirgends eine Möglichkeit irgendetwas zu verstauen. Und wo sollte ich mein Kind baden? Schon am ersten Tag
war ich völlig verzweifelt.

»Charley wird ihnen vom Fluss Wasser holen«, meinte Captain
Bernard. Und wie aufs Stichwort erschien dieser Charley in der Tür.
Mir verschlug es zunächst fast die Sprache. Da stand, bis auf einen
Gürtel und eine Art knappster Lendenschurz, ein nackter, wohlge-
bauter junger Cocopah Indianer. Er lächelte freundlich und ich
wusste sofort, wir würden uns gut verstehen.

Am nächsten Morgen holte mir Charley Wasser, das er in ein großes Essigfass schüttete. Das Wasser floss teilweise unten wieder heraus oder tropfte bei der Waschprozedur zu Boden. Bald war der
Lehmboden aufgeweicht und meine Handtücher voll mit rotem
Lehm. Man kann sich meine missliche Lage vorstellen. Charley, der
nur Pidgin sprach, stand neben mir und meinte lächelnd:
»too matschi wet«.

Bald bekamen wir Besuch von Mr. Fisher, dem Schiffsmakler. Er
regelte hier alles und jedes, was mit Handel und dem Dampfboot zu
tun hatte. Ich erzählte ihm, dass ich verzweifelt auf der Suche nach
einem Kindermädchen sei. Er versprach, eine Mexikanerin für mich
zu finden. Fisher, so fand ich schnell heraus, war hier in Ehrenberg
der Mann, an den man sich mit sämtlichen Problemen wandte.

»Wo ist Mrs. Fisher?«, fragte ich ihn. »Meine Frau wohnt in San
Francisco«, antwortete er. »Sie kann das Klima hier nicht vertragen«.

In Ehrenberg gab es zwei große Läden. Sie gehörten einer Hand-
voll weißer Händler, die beste Profite erzielten. Während diese Männer hart arbeiteten, lebten ihre Familien in San Francisco auf großem
Fuß. Ansonsten wohnten nur arme Leute in Ehrenberg: Mexikaner,
Indianer (Cocopah, Yuma, Mojave) und Mischlinge.

Wenige Tage darauf erschien Fisher tatsächlich mit einer Mexikanerin, die jedoch auf mich einen ziemlich trostlosen Eindruck
machte. An der Hand führte sie ein kleines Mädchen – Vater unbekannt. Fisher bemerkte wohl, dass ich zögerte, und warnte mich, in

diesem Teil der Welt müsse man so etwas einfach akzeptieren. Daraufhin engagierte ich Patrocina. Sie war zwar reichlich träge und rauchte wie ein Schlot, aber sie mochte Harry und fächelte ihm kühle Luft zu, wenn er schlief. Für mich war sie jedenfalls ein Segen.

Als ich unsere Umzugskisten öffnete, wartete ein Schock auf mich. Gleich in der ersten Kiste fand ich meine sämtliche Kleidung in völlig hoffnungslosem Zustand vor. Doch damit nicht genug. Aus der nächsten Kiste kam das zum Vorschein, was einmal mein ganzer Stolz gewesen war: meine geliebte deutsche Büchersammlung. Gesamtausgaben von Schiller, Goethe und Lessing, die Buchrücken verschimmelt, das Papier gewellt oder in eine Masse von Papierbrei verwandelt. Mir war zum Heulen zumute. Trotzdem versuchte ich, es wie die Frau eines Soldaten tapfer zu ertragen.

Von Ehrenberg hatte ich recht schnell die Nase voll. Daher verkündete ich meinem Leutnant im detached Service, ich würde sein früheres Angebot annehmen und den gesamten Sommer in San Francisco verbringen. Als das nächste Mal der laute Pfiff der Gila ertönte, ging ich mit Harry (inzwischen fünf Monate alt), Patrocina und ihrer dreijährigen Tochter Jesusita an Bord. Kaum außer Sichtweite von Ehrenberg legte sich Patrocina ins Bett und ein kleiner Teufel namens Jesusita brüllte von Stund' an Tag und Nacht. Obwohl die wenigen Passagiere an Bord nichts sagten, spürte ich ihren Missmut deutlich. Irgendwann meinte einer von ihnen:

»An ihrer Stelle würde ich diese Jesusita über Bord schmeißen und dieser nutzlosen mexikanischen Mutter den Hals umdrehen«. Das schockierte mich so sehr, dass ich mir folgendes überlegte: was wird wohl aus uns werden, wenn wir erst einmal auf dem Ozeandampfer sind? Ich, mit Reiseübelkeit geplagt, diese arme Frau, ihr Kind und mein Baby der Willkür anderer Reisenden ausgeliefert? Sobald wir die Flussmündung erreichten und die Passagiere auf den Ozeandampfer wechselten, setzte ich mich auf meinen Koffer und erklärte:»Ich fahre wieder zurück nach Ehrenberg«. Kapitän Mellon grinste nur, aber die anderen Passagiere glaubten sicherlich, ich sei jetzt völlig übergeschnappt.

Sobald Patrocina merkte, dass es wieder nach Ehrenberg zurückging, erschien sie putzmunter an Deck, nahm ihre Tochter auf den Schoß und zündete sich eine Zigarette an. Wie konnte man bloß nach so einem trostlosen Ort Heimweh verspüren? Ich muss jedoch zugegen, auch ich freute mich plötzlich riesig auf Jack. Als die Gila nach einer Woche die Nase in Richtung Ehrenberg schob, da stand mein Quartiermeister am Ufer. Er sprang an Deck und wie mir schien, war er kein bisschen über unser rasches Wiedersehen erstaunt.

»Ich wusste, du kommst zurück«, rief er freudig. Das brachte uns beide zum Lachen. Mit herzlichem Händeschütteln verabschiedeten wir uns vom Kapitän. Danach wandten wir uns wieder dem Haus mit den kahlen weißen Wänden zu.

Leben in Ehrenberg

In den nächsten Wochen baute Jack eine Küche für mich. Wenn ich ganz ehrlich bin, wäre es mir eigentlich viel lieber gewesen, so zu leben, wie die Mexikaner. Ihre ‚Küche' bestand aus einer Feuerstelle mit ein paar Steinen drumherum, auf denen eine dünne Blechplatte lag. Auf diesem einfachen Herd wurde früh am Morgen ein großer Pott Kaffee gekocht. Danach saß die gesamte Familie den ganzen Tag über gemütlich im Schatten ihrer Veranda. Dabei tranken sie Kaffee, aßen Biskuits, rauchten und blickten dabei zufrieden ins Nichts. Am frühen Nachmittag stellten sie einen riesigen Kessel mit *frijoles* auf den Herd – braune Bohnen, die, mit etwas Schweineschmalz und Salz gewürzt, stundenlang köchelten, bis eine dickflüssig rote Sauce entstand. Zum Abendessen bekam jedes Familienmitglied eine tellergroße, frisch gebackene Tortilla mit einer guten Portion *frijoles*. Zuletzt kam für jeden noch ein Schlag dieser köstlichen Sauce dazu, danach wurde die Tortilla zusammengerollt und aus der Hand gegessen. Damit ersparten sie sich dieses ganze Theater mit Tischtüchern, Geschirr und Besteck. Wie sehr beneidete ich diese Mexikaner um ihr einfaches Leben.

»Wenn wir schon an diesem schrecklichen Ort wohnen müssen«, sagte ich zu Jack, »dann lass uns doch wenigstens den mexikanischen Lebensstil annehmen«. Jack war von diesem Vorschlag wenig angetan. Mein konservativer Ehepartner machte mir unmissverständlich klar, dass er bei Tisch die amerikanischen Sitten gewahrt wissen wollte. Das Gleiche galt selbstverständlich auch für meine Kleidung. Die Mexikanerinnen trugen leichte *camisas*, mit einem großzügigen Ausschnitt und kurzen Ärmeln. Ich dagegen musste – um des lieben Friedens willen - in der Gluthitze Arizonas in langärmeligen, halsnahen, weißen Kleidern herumlaufen.

Zum Glück fand ich wenigstens eine Lösung für etwas Abkühlung. Fisher hatte mir eine wundervolle mexikanische Wäscherin vermittelt. Sie holte mich jeden Morgen vor Tagesanbruch ab. Danach marschierten wir, gemeinsam mit sämtlichen mexikanischen Frauen des Orts, zum Ufer des Colorado. Dort wateten wir bis zu den Knien in die rotbraune Brühe und setzten uns nieder. Man spürte regelrecht, wie der heimtückische Fluss versuchte, uns die Beine wegzuziehen, daher traute sich keine von uns ins tiefere Wasser.

Wann immer die Gila den Fluss heraufkam, bedeutete das für mich Besuch. Bei dieser Gelegenheit hörten wir stets Neuigkeiten jeder Art. Jack interessierte sich natürlich mehr für die neuesten politischen Entscheidungen aus Washington, während ich die Damen ausquetschte, was denn jetzt im Osten modisch angesagt sei. Im Gegenzug fragten mich die Damen stets, wie ich das Leben an solch einem schrecklichen Ort ertragen könne. Mein Charley sorgte zuverlässig für großes Erstaunen, wenn er in seiner üblichen, knappen Aufmachung erschien. Für Jack und mich war das längst Alltag, aber für unsere Besucher war ein fast nackter Cocopah Indianer, der mit der Selbstverständlichkeit eines englischen Butlers bei Tisch servierte, ein atemberaubender Anblick. Man musste es einfach gesehen haben, wie Charley graziös eine Flasche *Cocomonga* öffnete, die Weingläser füllte und danach aufmerksam dafür sorgte, dass sie stets gefüllt blieben.

Charley befriedigte meinen Sinn für Ästhetik in jeder Hinsicht. Er war groß, gut gebaut mit wohlgeformten Muskeln, einer kupferfarbenen glatten Haut und einem attraktiven Gesicht. Seine schwarze Haarpracht trug er zu einer Art Pompadour hochgesteckt und mit einer kleinen Feder gekrönt. Von der Hitze weißgebackener Coloradoschlamm hielt das Ganze in Form. Breite türkisfarbene Perlenarmbänder umschlossen seine Oberarme und in seinem Gürtel steckte ein Messer.

Wir hatten uns aus San Francisco einen Kinderwagen kommen lassen, mit dem Charley unseren kleinen Sohn täglich spazieren fuhr. Man muss sich das einmal vorstellen: ein schicker Kinderwagen, in dem ein blondes Baby sitzt und ein halbwilder Mann aus der Wüste (bewaffnet mit einem Messer und bekleidet mit einem knappen Lendenschurz, dessen Enden im Wind flattern), der diesen Wagen durch die sandigen Straßen schiebt – das war ein Anblick, den sich keiner der Bewohner von Ehrenberg entgehen ließ. Leider ging das nicht allzu lange gut, denn eines Tages kam Fisher atemlos hereingestürzt und rief:

»Hier ist ihr Baby!« Fisher hatte offenkundig den Kinderwagen samt Baby gerade noch rechtzeitig davor bewahrt, von einer Herde wilder Kühe niedergetrampelt zu werden.

»Ihr Charley«, meinte er empört, »hat den Wagen mitten auf der Straße stehen lassen, um in ein Schaufenster zu gucken. Man darf diese *Injuns* wirklich keine Sekunde aus den Augen lassen«, fügte er noch hinzu.

Die Hitze war fast nicht mehr auszuhalten. Unsere Betten standen deshalb im Freien, im sogenannten *Corral* (wie man hier die Hinterhöfe nennt). Ringsherum sah alles trostlos aus, denn auf der einen Seite erhob sich eine Adobewand, auf der anderen stand das Lagerhaus. Meine Küche war jetzt fertig. Sie hatte jedoch kein Fenster, dafür mehrere Öffnungen. Sie ließen Luft und Licht herein, machten es aber auch diebischem Gesindel recht leicht, ins Haus einzudringen. Fisher meinte, das seien Indianer auf der Suche nach etwas Essbarem. Neben unseren Betten standen nachts eine Kanne mit kaltem Tee, eine Laterne und Streichhölzer. Jack hatte außerdem noch einen Revolver und ein Gewehr griffbereit. Sobald wir hörten, dass es im Haus rumorte, sprang Jack aus dem Bett und rannte mit geladenem Gewehr in die Küche. Er erwischte jedoch keinen der Diebe, denn die entkamen mit Leichtigkeit wieder durch die Öffnungen. Das bedeutete jedoch bei weitem nicht, dass jetzt Ruhe einkehrte, denn im Lagerhaus gingen Katzen auf die Jagd nach Ratten. Jede Nacht hörte man den gleichen Radau: lautes Miauen, Quicken und Scheppern, ein ständiges Hin und Her, mal den Boden entlang, mal über die Dachbalken. Gelegentlich überraschte uns auch ein Sandsturm im Schlaf. Bevor wir uns, halb erstickt und halb blind mit unserem Bettzeug ins Haus retten konnten, war der Sturm schon wieder vorbei, hinterließ aber überall eine tiefe Schicht Sand. Bei Tag die Gluthitze, bei Nacht Diebe, Katzengejaule und Sandstürme – das alles zusammen sorgte bei mir für ständige Erschöpfung. Am Ende des Sommers war ich nur noch ein Schatten meiner Selbst.

Jacks Schwefelbad

Eines Tages brachte die Gila eine Gruppe hochrangiger Offiziere samt Ehefrauen nach Ehrenberg. Da ich mich noch gut daran erinnerte, wie ich mich damals auf der Durchreise gefühlt hatte, warf ich ein Handtuch über den Kopf, ging hinunter zum Anlegeplatz und lud alle miteinander zum Dinner ein. Die sehr attraktive Ehefrau des Generaladjutanten beklagte bitterlich, sie habe auf der Reise hierher Sommersprossen bekommen. Sie trug daher einen Hut mit Schleier. Ein Hut mit Schleier? Das war in Ehrenberg vermutlich noch nie zuvor gesichtet worden. Diese verwöhnte junge Frau würde bald in Fort Whipple in einer Holzhütte wohnen. So sehr ich versuchte, mir das vorzustellen, es wollte mir nicht gelingen.

Jack hatte irgendwann unter unserer alten Pumpe eine Schwefelquelle entdeckt und in den letzten Monaten ausgebaut. Stolz zeigte er mir die hölzerne Badewanne, die er eingebaut hatte. Ich fand, diese Wanne hätte mehr Ähnlichkeit mit einem Sarg, worauf Jack erwiderte:

»Du hast einfach zu viel Fantasie, Mattie. Immer denkst du gleich an etwas Trostloses. Stell dir doch nur einmal vor, wie gut so ein Schwefelbad jemandem tut, den das Rheuma plagt.« Während des Bürgerkriegs musste Jacks Einheit für eine gewisse Zeit in den Sümpfen von Chickahominy kampieren. Dort hatte er dann auch Bekanntschaft mit dieser gefürchteten Krankheit gemacht. Für mich dagegen war Rheuma so ziemlich das einzige, das mich nicht plagte. Vermutlich fehlte mir daher das richtige Verständnis dafür. Trotzdem wollte mich Jack zu einem Besuch in seinem Schwefelbad einladen. Als ich mich wenig enthusiastisch zeigte, setzte er wieder einmal so lange seine Überredungskünste ein, bis ich schließlich tatsächlich in die zähflüssige schwarze Brühe stieg. Sie kam vermutlich direkt aus der Hölle, denn mich umgab ein Gestank, der sich kaum noch beschreiben lässt. Als ich wieder herauskam, schwor ich mir, freiwillig würde ich diese Prozedur nicht noch einmal wiederholen.

Als unser Besuch zum Abendessen kam, hörte auch Jack die bewegte Klage von den Sommersprossen. Er überredete die Schönheit in sein Bad zu steigen, denn Schwefel hätte die wundervollsten Eigenschaften, schwärmte er. Als sie die schwarze Brühe sah, zögerte sie doch etwas und fragte mich, ob das ihrem Teint wohl schaden könne.

»Jack glaubt, sein Schwefelbad ist für alles und jedes gut«, antwortete ich. Sobald sie aus dem Bad herauskam, rief sie nach einem Spiegel. Wie mir schien, hatte sich das Badewasser mit den chemischen Eigenschaften ihrer vielen Kosmetika nicht so gut vertragen. Ihr Gesicht wirkte irgendwie grünlich und hier und da spross ein kleines Pickelchen. Zum Glück hatte ich nur einen winzigen Spiegel zur Hand, sodass ihr das Ausmaß der Katastrophe nicht gleich ins Gesicht blickte.

Bei Tisch wartete auf die Dame der nächste Schock – ein fast nackter Indianer. Ich habe diese Frau später noch mehrmals getroffen. Auch nach Jahren rätselte sie immer noch, wieso es mir nicht gelungen war, Charley in anständige Kleidung zu stecken. Und natürlich blieb ihr Jacks Schwefelbad auf ewig in Erinnerung.

Früh im Herbst kam die Gila wieder einmal den Fluss herunter. Kapitän Mellon rief Jack an Bord. Er deutete auf eine junges Mädchen, das auf seinem Koffer saß und etwas ratlos um sich blickte.

»Irgendein Doktor«, meinte der Kapitän, »hat diesem Mädchen geraten, das Klima in Texas sei für ihre Bronchitis gut. Jetzt ist ihr unterwegs das Geld ausgegangen. Ich würde sie natürlich unentgeltlich bis Yuma mitnehmen, aber ich dachte ihre Frau könnte vielleicht für einige Zeit ein Dienstmädchen brauchen.« Als Jack mit dem Mädchen im Schlepptau bei mir erschien, hätte ich sie vor wilder Begeisterung umarmen können, aber ich hielt mich zurück. Stattdessen behauptete ich, das Klima hier in Ehrenberg sei für die Gesundheit genauso gut, wie das in Tucson.

»Ihnen scheint es nicht so gut zu bekommen, Madam«, antwortete sie. Trotzdem willigte sie ein, eine Zeitlang für mich zu arbeiten. Mit Ellen als Mitglied unserer kleinen Familie lief plötzlich alles in meinem Leben wie am Schnürchen. Sie packte überall mit an, erwies sich als ausgezeichnete Köchin, überraschte uns tagtäglich mit köstlichem Gebäck und erfreute sich (wie mir schien) der allerbesten Gesundheit.

Eines späten Abends klagte Ellen plötzlich über entsetzliche Zahnschmerzen. Die wurden so heftig, dass sie erklärte, der Zahn müsse augenblicklich raus. Hier in Ehrenberg gab es weit und breit keinen Arzt und der nächste Zahnarzt wohnte vermutlich in San Francisco.

»Fisher kann Zähne ziehen«, behauptete Jack. »Das hat er mir vor wenigen Tagen selbst gesagt«. Obwohl ich mir ziemlich sicher war, dass Fisher vom Zähneziehen genauso viel verstand, wie ich selbst (nämlich überhaupt nichts), hielt ich meinen Mund und hoffte auf das Beste. Fisher war ein typisch amerikanisches Mannsbild: groß, kräftig gebaut und sicher, jede Situation meistern zu können. Letzteres traf auch auf Jack zu, der jetzt – zu meinem Entsetzen mit leuchtenden Augen seine Kiste mit den uralten Zangen präsentierte. Fisher inspizierte die Zangen und bemängelte, die seien nur für Zähne im Unterkiefer zu gebrauchen, der kranke Zahn stecke aber im Oberkiefer. Jack ließ sich dadurch nicht beirren, stellte aber klar, dass er an seinen wertvollen Schätzen keinerlei Kritik dulde.

»Du musst die Lampe halten, Mattie«, ordnete er an. »Ich halte Ellen fest und Fisher zieht den Zahn.«

Ellen saß auf einem Stuhl und versuchte, Fisher im flackernden Kerzenlicht den richtigen Zahn zu zeigen. Als Fisher zwischen Ellens strahlendweißen Zähnen herumfuhrwerkte, hörte ich ein ominöses Klappern. Seine Hände zitterten, auf seiner Stirn stand ihm der Angstschweiß und, wie mir schien, hatte er sich für diese besondere Herausforderung mit reichlich Cocomonga gestärkt. Der Zahn war draußen, es floss viel Blut, doch kurz darauf hörte ich den Aufschrei: »Das war der falsche Zahn«. Ich packte den Krug mit rotem Wein und nötigte Ellen, einen großen Becher davon zu trinken. Danach ergriff ich die Flucht. Bei ihrem zweiten Anlauf – und wie mir schien mit tüchtiger Hilfe seitens des Cocomonga - erwischten die beiden tatsächlich den richtigen Zahn. Sobald die Prozedur geglückt war, erschien Jack mit triumphaler Miene bei mir:

»Was für ein Glück, dass ich die Zangen hatte, stimmts Mattie?«
Von seinem Erfolg als Zahnarzt beflügelt, bestellte Jack in San Francisco einen riesigen Korb mit allen möglichen Medikamenten. In der armen Bevölkerung von Ehrenberg galt er bald schon als Heiler. Daher funktionierte er sein Büro auch jeden Morgen zu einer bestimmten Zeit zur Apotheke um. Wer sich krank fühlte oder irgendein Gebrechen hatte, erhielt von Jack eine einfache Medizin. Er schien intuitiv zu wissen, welche Medizin die richtige war. Während seine Heilerfolge teilweise an ein Wunder grenzten, gelang es ihm nicht, die Sprache dieser Leute auch nur im Ansatz zu verstehen. Diese Aufgabe fiel mir zu, da Jack mich kurzerhand als Assistentin rekrutierte. Ich tat mein Bestes, entweder mit Zeichensprache oder mit Hilfe meines alten spanischen Wörterbuchs.

Der Friedhof von Ehrenberg

Unser Leben plätscherte an diesem trostlosen Ort an den Ufern des Colorado relativ friedlich dahin. Den engeren Umkreis meines Heims verließ ich nur selten, denn auf der einzigen Straße in Ehrenberg musste man sich durch heißen Sand kämpfen. Auch lagen überall von der Sonne getrocknete Tierschädel und ausgebleichte Knochen herum. Wurde hier ein Stier oder ein Schaf geschlachtet, dann warf man alles, was sich nicht verwerten ließ, einfach auf die Straße.

Eines Tages saß ich gerade in der Küche, als ich ein lautes Krachen hörte. Ellen kam hereingerannt, weiß wie unsere Adobewand. Sie deutete wild in Richtung Hinterhof und rief:»die Pumpe stürzt ein«. Als ich hinausrannte, erschien Jacks Kopf gerade am Rand der Pumpe.

»Komm nicht näher«, brüllte er, »hier stürzt gleich alles ein«. Kaum hatte er sich in Sicherheit gebracht, da krachte sein gesamtes Schwefelbad in die Tiefe und mit ihm unser halber Hinterhof. Nach dieser Episode traute ich dem Boden unter unseren Füßen nicht mehr sonderlich. Ellen schien dasselbe zu denken. Sie sagte nicht viel, aber als ich am nächsten Morgen zum Frühstück erschien, stand Ellen – Hut bereits auf dem Kopf und Gepäck in der Hand - an der Tür. Sie hatte wohl befürchtet, ich würde ihr Vorwürfe machen, daher sagte sie nur:

»Good bye, Missis. Sie und ihr Mann waren sehr freundlich zu mir. Aber jetzt fahre ich weiter nach Texas«. Damit ging sie nach draußen, kletterte in die staubige, alte Postkutsche und verschwand aus meinem Leben.

Jetzt hatte ich wirklich ein Problem. Ellen hatte mein gesamtes Leben um so vieles einfacher gemacht. Jack schickte sofort einen *Indian Runner* los. Dieser Indianer, erklärte er mir, würde die neunzig Meilen bis Yuma rennen, um dort im Fort dem Captain die Bitte zu überreichen, dass wir dringend einen Striker benötigten.

»Es kann jedoch Wochen dauern«, meinte Jack, »bis der bei uns eintrifft«. Bis dahin mussten wir irgendwie zurechtkommen. Patrocina kochte für uns gelegentlich ihr *carne seca* – getrocknetes

Fleisch mit Chilis - und ich versuchte mich an ein paar von Ellens Backrezepten. Leider war Patrocina die nächste, die uns verließ. Sie fühlte sich krank und wollte für ein paar Monate zu Verwandten ziehen. Mit der kleinen Jesusita auf dem Arm verabschiedete sie sich tränenreich von mir. Obwohl sie von einem moralischen Standpunkt her betrachtet nicht viel taugte, war sie mir doch stark ans Herz gewachsen. Als Ersatz für Patrocina fand Fisher für uns eine Mexikanerin aus Chihuahua. Schon nach kurzer Zeit stellte er fest, dass scheinbar ganz Ehrenberg eine ganz besonders teure Delikatesse, nämlich *Ferris-Schinken*, zum Abendbrot aß. Eine Kontrolle im Lagerhaus ergab, dass ungefähr sechs ganze Schinken fehlten. Ihre Hüllen hingen allerdings noch von den Balken, fein säuberlich mit Stroh gefüllt. Wie sich rasch herausstellte, hatte sich unser mexikanisches Kindermädchen ein recht ordentliches Zubrot verdient.

Eines Abends betrat ich bei Anbruch der Dunkelheit meine Küche. Sobald ich den Küchenschrank öffnete, kam mir mit lautem Klirren das Geschirr entgegen. Noch bevor ich mich vom Schrecken erholt hatte, hüpften zwei junge Squaws aus dem Schrank, rannten, als wäre der Leibhaftige hinter ihnen her, durch die Küche und sprangen aus einer Öffnung. Bekleidet waren sie nur mit dem, was jeder Mensch bei seiner Geburt anhat. Genau zu diesem Zeitpunkt erschien mein Charley in der Küche.

»Charley«, fragte ich streng. »Wie kommen diese Squaws in meinen Schrank?« Er sah reichlich beschämt drein und meinte:

»Ich dir sagen; böser Mann sie wollen töten; ich sie verstecken«.

»In diesem Casa werden keine Mädchen mehr versteckt. Ist das klar, Charley?« Er nickte stumm. Später erfuhr ich, dass eine dieser Squaws seine Schwester war.

Im nächsten Frühjahr ließ mich meine Gesundheit völlig im Stich. So langsam war ich nur noch Haut und Knochen. Eines Abends sah ich vom Fenster aus eine merkwürdige Prozession, die sich gemächlich stadtauswärts bewegte. Das muss wohl eine Beerdigung sein, dachte ich bei mir. Vorneweg marschierte ein Mann mit einem schlichten Holzkreuz, dann folgten ein paar Mexikaner, die Geige und Gitarre spielten. Nach den Musikern kam der weiß eingehüllte

Körper des Verstorbenen, den ein paar Freunde auf einer Bahre trugen. Ein paar weinende Frauen, mit schwarzen *ribosos* um den Kopf gewickelt, folgten als letztes. Erst jetzt fiel mir auf, dass ich hier noch nirgends einen Friedhof gesehen hatte. Das wollte ich nachholen und bat Jack am nächsten Tag, mir den Friedhof zu zeigen. Jack redete sich damit heraus, er hätte gerade zu viel Arbeit. Vermutlich hoffte er, ich würde die Sache wieder vergessen. Ich blieb aber hartnäckig, bis er schließlich nachgab. Erstaunt stellte ich fest, dass der Friedhof von Ehrenberg nur einen Steinwurf von uns entfernt lag. Was ich dort allerdings sah, spottete jeder Beschreibung. Es gab hier keinen Baum, keine Blume, keinen grünen Halm, nur eine sandige Fläche ohne jede Umzäunung. Um die Gräber herum lagen ein paar Steine, hier und da steckte ein einfaches Holzkreuz schief im Boden. Als ich durch das Gräberfeld lief, fielen mir tiefe Löcher auf. Sowie ich in eines hinunterblickte, sah ich am Boden weiße Knochen. Naiv, wie ich manchmal bin, fragte ich Jack, was das für Löcher seien.

»Kojoten und Wölfe buddeln hier bei Nacht«, antwortete Jack.

Ich war eigentlich auf meine guten Nerven immer sehr stolz. Aber jetzt sah ich plötzlich in der Nacht Gespenster und träumte von diesen entsetzlichen Gräbern. Saß ich alleine in der Dunkelheit auf unsere Veranda, dann schien mir, als kämen die Verstorbenen bis an den Zaun heran. Sie machten sich über mich lustig und winkten mir zu. Einige hatten keine Köpfe mehr, andere keine Arme. Sie deuteten auf den Friedhof, als wollten sie mir sagen: Bald bist auch du eine von uns.

»Ich muss dich sofort von hier wegbringen«, meinte Jack eines Tages. Schon eine gute Woche später stand ich mit Harry auf dem Deck der Newbern. Jack winkte uns von der Gila aus noch einmal zu, dann widmete er sich wieder seinen vielen Pflichten als Quartiermeister.

Die Reise nach San Francisco dauerte sechzehn Tage. Harry und ich erschienen nur selten an Deck, denn uns beide plagte die Seekrankheit. Als wir in die wunderschöne Bay einfuhren, stand ich an einen Mast gelehnt. Ich weinte Freudentränen, als ich endlich wieder grüne Hügel sah. Schwarze Felsen, unerträgliche Hitze, Schlangen, Skorpione, Tausendfüßler, feindselige Apachen und die Friedhofsgeister von Ehrenberg – all das lag endlich hinter mir.

Ein Zollbeamter fand in meinem Koffer das große Bündel an mexikanischen Zigaretten. Er wollte sie beschlagnahmen, doch als ich ihm antwortet, die seien für mich selbst bestimmt, da legte er sie, mit einem verächtlichen Blick in meine Richtung, in den Koffer zurück. Von Kalifornien aus fuhr ich mit Harry in neun Tagen im Pullman-Car nach Boston. Dort holte mich meine Schwester Harriet vom Zug ab. Sie nahm Klein-Harry auf den Arm und rief:

»Mit diesem grässlichen Hut kann sich das Baby hier nirgends sehen lassen.« Zum Glück brachte der lächerliche Sonnenhut uns beide zum Lachen. Wer weiß, welche Szene wir sonst aufgeführt hätten, vor lauter Wiedersehensfreude.

Nach ein paar erholsamen Tagen in Boston fuhr ich weiter nach Nantucket. Wie freudig wir dort empfangen wurden, lässt sich kaum beschreiben. Allerdings sah ich in den Gesichtern meiner Eltern, Geschwister und Freunde die Sorge, ich könnte diesen Sommer womöglich nicht überleben. Ich wusste jedoch, die frische Seeluft lässt mich nicht im Stich. Ein übriges tat die gesunde Kost, vor allem das frische Gemüse. Außerdem konnte ich mich kaum sattsehen am üppigen Grün der Gärten, an den herrlichen Bäumen, blühenden Sträuchern und Blumen. Der Ehemann in Arizona erhielt irgendwann einen Brief, in dem ich ihm ankündigte, Ehrenberg würde mich nie mehr zu Gesicht bekommen.

Acht Monate später fühlte ich mich tatsächlich wieder völlig erholt. Jack hatte mir geschrieben, er sei inzwischen in Camp MacDowell stationiert. Um diese Zeit reifte in mir der Entschluss, es wieder mit der Hitze, der Isolation und dem gesamten unattraktiven Leben in der Armee aufzunehmen. Ich war nun mal die Frau eines Soldaten. Mit ihm gemeinsam würde ich die Zeit in der Armee meistern – sowohl die Glorie als auch das glänzende Elend.

Frances M. A. Roe (1846 - 1920)

D ie Farmerstochter aus gutem Hause lernt ihren späteren
Mann, den aus Virginia stammenden Fayette Roe, von seiner Frau stets Faye genannt, in West Point kennen. Gleich
im Anschluss an ihre Schulzeit in New York heiraten die beiden und
Frances fängt noch auf dem Weg nach Colorado mit Briefeschreiben
an. Viele Jahre später veröffentlicht sie ihre Briefe unter dem Titel:
Army Letters from an Officer's Wife. An wen sie diese Briefe ursprünglich adressiert hatte, verrät sie dem Leser nicht. Dem saloppen Stil
nach vermute ich jedoch eine junge Dame gleichen Alters. Die Mrs.
Roe meiner Erzählung schreibt jedenfalls an eine Freundin, wobei
sie kein Blatt vor den Mund nimmt. Das Leben in der Armee hat
vieles zu bieten, was Mrs. Roe ärgert. Auch scheint sie mit Pferden
und Hunden weitaus besser auszukommen, als mit Menschen. Anders als ihr Mann bringt sie für Indianer keinerlei Interesse mit. Für
sie sind und bleiben es »übelriechende Wilde«. Leutnant Roe hält
dagegen des Öfteren stundenlange *Pow-Wows* mit Häuptlingen ab
und lädt einmal – zum Entsetzen seiner Frau - einen Häuptling samt
Lieblingssquaw zum Dinner ein. Als es Jahre später im Westen so
gut wie keine Büffel und Indianer mehr gibt, bedauert Roe nur das
Schicksal der Büffel. Die folgenden Briefe, stark gekürzt und zu einer Erzählung umfunktioniert, berichten von den ersten drei Jahren
der Frances Roe in Colorado.

Abb.13 Frances Roe mit Hund Hal

Kit Carson, Colorado, Oktober 1871 (1. Brief)

Da es schon spät ist, wird das nur ein kurzer Brief – damit Du weißt, dass ich sicher hier angekommen bin. Morgen früh, um 6 Uhr, steigen Faye und ich in die Postkutsche nach Fort Lyon. Dieses Kit Carson ist wirklich ein fürchterliches Nest, in dem man ständig das Gefühl hat, es könnte einen jeden Moment eine Kugel treffen. Frauen scheint es hier nicht zu geben, dafür jede Menge furchteinflößende Kerle, von denen jeder einzelne einen breiten Ledergürtel voller Patronen trägt und mit mindestens einer Pistole bewaffnet ist.

Die Häuser machen alle einen verwahrlosten Eindruck. Im Mondlicht wirken sie wie riesige Lehmbrocken. Wetten dass es darin spukt und krabbelt? Unser Hotel ist nicht viel besser. Es scheint, als sei es aus Erdklumpen und ein paar alten Kisten erbaut. Selbst das niedrige Dach besteht aus Lehm. Der ganze Ort macht einen unbeschreiblich düsteren Eindruck. Kaum zu glauben, dass es Leute gibt, die hier freiwillig leben.

Gerade bin ich ziemlich aufgebracht. Stell Dir vor, ich darf in die Postkutsche nur einen meiner Koffer mitnehmen. Die anderen werden irgendwann nachgeschickt. Damit bleiben alle meine hübschen Kleider hier zurück, bis auf mein japanisches Seidenkleid. Das bedeutet wohl, ich muss (wer weiß wie lange!) mit nur zwei Kleidern auskommen. Faye betrifft das natürlich nicht. Er wird in seiner nagelneuen Uniform immer und überall großartig aussehen. Ist das nicht völlig ungerecht?

Vielleicht kann ich Dir bald etwas ausführlicher schreiben – falls ich diesen Armeeposten, der noch so unendlich weit weg zu sein scheint, jemals lebendig erreiche.

Fort Lyon, Colorado, Oktober 1871 (2. Brief)

Nach Monaten gespannter Erwartung und Tagen beschwerlicher Reise bin ich endlich in unserem neuen Zuhause angekommen. Die letzten 5o Meilen legten wir in einer Postkutsche zurück, die man hier einen *Jerkey* nennt – ein passender Name für solch eine Rumpelkarre, in der man auf furchterregend halsbrecherische Weise durch die Gegend schaukelt. Das Wetter war großartig und die Luft so

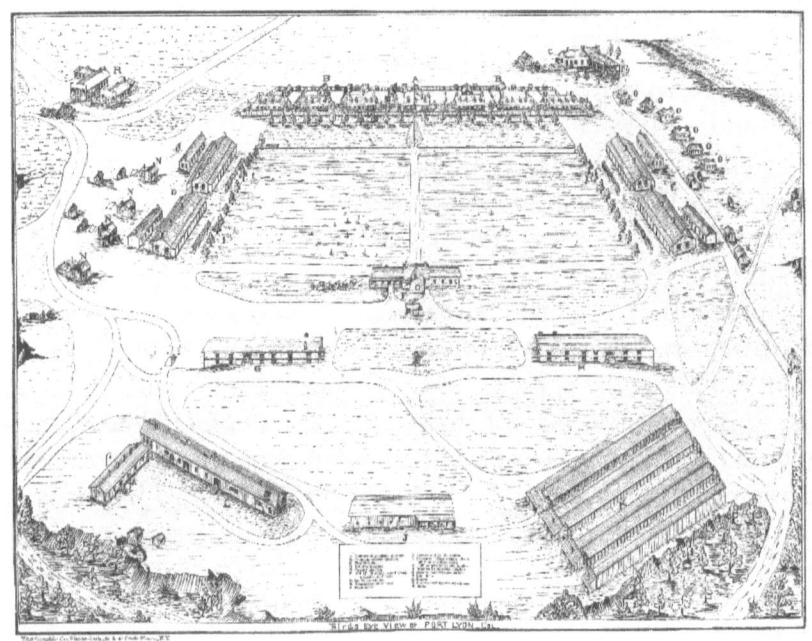

Abb.14 Fort Lyon

klar, dass man meilenweit in jede Richtung schauen konnte. Auf der endlos weiten Prärie gab es jedoch nichts zu sehen, weder Baum, noch Haus, außer der elenden Ranch, in der wir die Pferde wechselten und ein völlig ungenießbares Dinner zu uns nahmen.

In Fort Lyon hießen uns General Phillips und seine Frau so herzlich willkommen, als hätten wir uns seit ewigen Zeiten gekannt.

Gleich nach unserer Ankunft wurde das Abendessen serviert. Das hübsch eingerichtete Esszimmer, der Tisch mit dem zarten Porzellan und dem glänzenden Silberbesteck – das alles war solch eine freudige Überraschung, nach all den schrecklichen Orten, die ich auf der Reise durch die Prärie gesehen hatte. Dies ist eindeutig kein Ort für irgendwelche Spukgestalten.

General Phillips ist eigentlich gar kein General – dieser Titel gebührt ihm nur durch seine Verdienste im Bürgerkrieg. Als ich erfuhr, dass er nur den Rang eines Captains hat, war ich doch sehr enttäuscht. Man hatte mich belehrt, dass ein Leutnant mit »Mister« anzusprechen sei, alle anderen Offiziere dagegen mit ihrem Rang. In Fayes Kompagnie wird der Captain jedoch als General und der Erste Leutnant als Major angesprochen. Reichlich verwirrend für mich. An diesem Abend sprach ich den General versehentlich mit Mr. Phillips an, und da es in diesem Moment gerade zufällig still war, bekam der ganze Raum meinen Patzer mit. Der General setzte sich kerzengerade auf und sein kleiner Sohn verschluckte ein Kichern. Meiner Meinung nach hätte man ihn dafür ins Bett schicken sollen. Aber das war beileibe noch nicht alles! Der Offiziersbursche, der bei Tisch bediente und der sich bis dahin würdig und steif gegeben hatte, nahm schnell die Hand vor den Mund und rannte förmlich aus dem Raum, um draußen ungeniert zu lachen. Dabei unterlief diesem Mann wenige Tage später selbst ein Fehler. Als ich ihn etwas fragte, antwortete er mir mit »Ja, Sir«. Ich lächelte nur darüber, aber vermutlich begriff dieser dumme Kerl noch nicht einmal wieso. Als ich Faye davon erzählte, wurde er wütend und meinte, die Frau eines Offiziers dürfe sich niemals über einen Soldaten lustig machen. Ich gab Faye daraufhin den guten Rat, diesen Herrn zu belehren, dass es respektlos sei, die Frau eines Offiziers mit Sir anzureden. Ich wollte eigentlich noch viel mehr zu diesem Thema sagen, aber Faye stürmte plötzlich aus dem Zimmer.

Das Fort sieht völlig anders aus, als ich mir das vorgestellt hatte. Es gleicht eher einem Dorf, das man um einen viereckigen Platz herumgebaut hat. Genau in der Mitte steht ein hoher Fahnenmast und eine riesige Kanone. Die niedrigen Gebäude bestehen aus Adobe –

eine Art Lehmgemisch – und die Wände sind ziemlich dick. Zu jedem Fenster gehört ein schwerer Fensterladen aus Holz, der sich bei heftigem Sturm schließen lässt. Ein schmaler Graben – man nennt das hier *acequia* – verläuft um den gesamten Stützpunkt. Er dient der Bewässerung der Rasenflächen und Bäume. Das Wasser für den Hausgebrauch wird dagegen in Waggons vom Arkansas River heraufgebracht und in Fässern aufbewahrt.

Am ersten Morgen weckte mich der Klang von Trommel und Pfeife, der immer lauter wurde, bis ich schließlich dachte, die gesamte Armee marschiere auf unser Haus zu. Leider gab es draußen nichts zu sehen, es war noch stockdunkel. Das Trommeln wurde leiser und hörte schließlich ganz auf. Dafür ertönte eine Gewehrsalve, für die man bestimmt eine Menge Schießpulver verschwendet hatte, denn das gesamte Haus wackelte und sämtliche Fensterläden klapperten. Danach spielten die Trompeter eine Melodie, die jedoch völlig in einem entsetzlichen Heulkonzert unterging, das die Hunde veranstalteten. Das Getöse verstummte plötzlich, dafür hörte ich Männerstimmen die »Hier! Hier!« riefen. Als völliger Armeeneuling befürchtete ich, die Indianer hätten uns überfallen, doch als ich Faye wachrüttelte, murmelte der völlig verschlafen:

»Das ist doch nur die *Reveille*«. Beim Frühstück frage ich den General, wieso die Soldaten eigentlich solch einen ohrenbetäubenden Lärm bräuchten, um aufzuwachen. Die Antwort blieb er mir schuldig. Er meinte nur, das sei halt so der Brauch.

Nach dem Frühstück warf sich Faye in seine Galauniform – mit Epauletten, scharlachroter Schärpe und Schwert – und ging zum Büro des Kommandanten hinüber, um sich offiziell zu melden. Der Kommandant ist der Oberstleutnant des Regiments, aber auch ihm steht der Titel General zu. Er erwartet, wie man schon an seinem Gang erkennt, dass man sich gefälligst stets daran zu erinnern hat. Offenkundig ist es für mich das Sicherste, wenn ich jeden Offizier mit General anrede – es gibt hier so viele davon. Unterläuft mir dann ein Fehler, wird er mir wenigstens nicht verübelt.

Sämtliche Möbel in General Philipps Haus stammen aus der Tischlerei des Forts. Sie sind nicht nur sehr geschmackvoll, sie kosten ihn auch praktisch nichts. Da wir für unser Quartier noch die gesamte Einrichtung beschaffen müssen, sagte ich beim Abendessen, dass ich genau die gleichen Möbel haben will. Natürlich ging ich davon aus, dass sich der General geschmeichelt fühlt, wenn man seinen guten Geschmack bewundert. Ich hatte mit einem Lächeln und mit gnädiger Bewilligung gerechnet. Stattdessen richtete er sich ein weiteres Mal kerzengerade auf – dann folgte eine unheilverkündende, frostige Stille. Schließlich erholte er sich wieder soweit, um mir mitzuteilen, dass es zur Zeit keine guten Tischler gäbe. Später erfuhr ich dann, dass solche Vergünstigungen nur höheren Offizieren zustehen.

In einem kleinen Laden, der außerhalb des Stützpunkts liegt, erstanden wir ein paar gebrauchte Möbelstücke. Sie sind gerade gut genug, um uns für den Winter halbwegs gemütlich einzurichten. Man munkelt nämlich, dass die Infanterie im Frühjahr ins Indianergebiet geschickt wird. Der dortige Stützpunkt soll ein schrecklicher Ort sein - mit alten Blockhütten, die man auf die heißen Sandhügel gestellt hat – und ringsherum nur feindliche Indianerstämme.

Fort Lyon, Oktober 1871 (3. Brief)

Sicher kannst Du dich noch an die Geschichten vom *Großen Häuptling Rotjacke* erinnern, die man uns früher erzählt hat. An den edlen roten Mann in seiner wunderschönen, mit Perlen bestickten Lederbekleidung und dem wallenden Federbusch auf dem Kopf. Ich weiß noch, wie wir uns damals wünschten, einmal einen Indianer mit eigenen Augen zu sehen.

Nun habe ich meinen ersten Indianer gesehen. Sogar eine ganze Horde. Ein Häuptling Rotjacke war leider nicht darunter, dafür lauter grell bemalte, schmutzige, übel riechende Wilde. Mrs. Phillips meint, hat man einen Indianer gesehen, hat man alle gesehen. Sie muss es wissen, denn sie hat im Laufe der Jahre schon so viele Rothäute gesehen, von so ziemlich jedem Stamm.

Wir fuhren gestern ins Nachbardorf, Las Animas, Mrs. Phillips, Mrs. Cole und ich. Wir wollten uns in den kleinen mexikanischen Lädchen etwas umsehen. Man findet dort teilweise ganz hübsche Sachen, falls es einem nichts ausmacht, ein bisschen im Müll und Dreck zu wühlen. Wir hielten uns gerade im größten dieser Lädchen auf, als plötzlich ein gutes Dutzend Indianer auf ihren Ponys daher geprescht kam. Sie hielten direkt vor der Tür. Vier von ihnen sprangen ab und marschierten zügig an die Stelle, an der die Munition verkauft wird. Da wir ihnen offenbar im Weg standen, wurden Mrs. Phillips und ich ganz einfach zur Seite geschubst und das mit solcher Wucht, dass wir über die nächste Theke fielen. Von einem Angestellten forderten sie Munition für ihre Gewehre. Was sich nicht direkt in ihre Vorderlader stopfen ließ, verschwand in kleinen schmierigen Säckchen. Während sich diese vier hier in aller Ruhe mit Munition und scharfen Messern eindeckten, beobachteten die anderen aufmerksam die Straße und jede Bewegung im Laden. Wir drei Frauen wären liebend gerne geflüchtet, aber die einzige, niedrige Tür war halb ausgefüllt mit dem Kopf und den Vorderbeinen eines Ponys. Wir fühlten uns wie Gefangene dieser bis an die Zähne bewaffneten, übellaunigen Wilden. Ohne für irgendetwas zu bezahlen verschwanden sie schließlich mitsamt ihrer Beute. Der Ladenbesitzer erzählte uns, diese Ute würden jetzt mit der Munition vermutlich ein paar Cheyenne erschießen oder auch den nächstbesten Weißen, der zufällig ihr Missfallen erregte. Der junge Mann war wohl selbst recht froh, dass alles glimpflich ausgegangen war. Für einen Mexikaner wirkte sein Gesicht jedenfalls reichlich blass.

Man kann sich leicht vorstellen, wie erleichtert wir waren, wieder im Ambulanzwagen zu sitzen und zum Stützpunkt zurück zu fahren. Unser Ausflug hatte jedoch noch ein weiteres Abenteuer für uns vorgesehen. Die Maultiere schienen die Aufregung, die in der Luft lag, zu spüren. Kaum hatte der Kutscher die Peitsche geschwungen, da preschten sie los. Diese vier Maultiere sind die Lieblinge unseres Quartiermeisters. In der gesamten Garnison kennt man sie als die ‚Rasierwedel', denn ihre Schwänze sind abrasiert, bis auf einen kleinen Busch an der Spitze. Alle vier sind klein, drahtig und bis auf die Nasen kohlrabenschwarz. Sie sind recht schlau, aber auch voll fröhlicher Bosheit. Sobald einer von ihnen den Vorschlag macht: »Lasst uns sprinten, Jungs«, setzt die gesamte Truppe das augenblicklich um. Kaum hörten wir das Quietschen der Bremse und sahen, dass der Kutscher mit aller Macht an den widerspenstigen Mäulern zerrte, da wussten wir, was für uns im Busch war. Wir mussten noch die enge Brücke über den Arkansas passieren. Es wäre nett gewesen, hätten sie erst danach mit ihrer Zirkusnummer angefangen. Zum Glück trafen wir auf der Brücke kein anderes Fuhrwerk. Ein Fußgänger musste allerdings schleunigst das Gitter hochklettern, um sich in Sicherheit zu bringen. Wieder auf der Straße, die nach der Brücke weitgehend gerade verlief, schüttelten die vier ihre dicken Köpfe, schlugen mehrfach aus und führten uns vor, wie beeindruckend schnell die Rasierwedel-Truppe rennen kann. Zum Glück saß der beste Kutscher der Garnison auf dem Bock, trotzdem schwankte der große Wagen auf furchterregende Weise. Wir krallten uns daher, so gut es ging, an den Sitzen fest. Vor ihrem Corral machten die vier noch einen großen Bogen, dann standen sie still. Der Anführer der langohrigen Bande blickte triumphal zum Kutscher zurück und öffnete das Maul. Ich vermute mal, zu irgendeinem frechen Kommentar. Der Kutscher war jedoch nicht in der Laune für Späßchen und riss das arme Ding fast zu Boden.

Drei müde, völlig zerzauste Frauen marschierten vom Maultiercorral zu ihren Quartieren, außerordentlich froh, wieder zuhause zu sein. Von jetzt ab beschränke ich mich auf Ausritte mit John. Er ist ein zahmer, alter Gaul, der allerdings auch nicht immer tut, was ich will. Ich bin so langsam eine recht gute Reiterin und sitze sicher im Sattel. Meine beiden Reitlehrer, Leutnant Baldwin und Faye, sind mit mir recht streng. Aber genau das will ich auch. Ich bin sogar schon über einen Graben gesprungen. Allerdings hatte John dabei weitaus mehr Spaß als ich.

Außer Reiten bringen mir die zwei Leutnants auch noch das Schießen bei. Ihrer Meinung nach sollte ich irgendwann in der Lage sein, in jeder Situation einen Schuss abfeuern zu können. Bis jetzt habe ich mich ganz wacker geschlagen, bis die beiden Herren auf die glorreiche Idee kamen, mir beizubringen, wie man mit einer Springfield schießt. Das ist ein schweres Gewehr für Soldaten. Der erste und einzige Versuch hat mir gereicht, denn dieses Gewehr schlägt zurück. Der Rückstoß an der Schulter brachte mich aus Gleichgewicht und die Kugel ist vermutlich immer noch auf dem Weg zum Mond.

Fort Lyon, November 1871 (4. Brief)

Vor ungefähr einer Woche war beschlossen worden, für das große Dinner an Thanksgiving, an dem sämtliche Offiziere und Soldaten teilnehmen, Büffelfleisch zu besorgen. Mit diesem Ziel führte Leutnant Baldwin eine Abteilung Soldaten in die Prärie. Ich durfte mitreiten, darauf bin ich richtig stolz.

Die Pferde, die man früh am Morgen aus den Ställen führte, trugen alle ein starkes Halfter. An jedem Sattel hing ein zusammengerolltes Seil, befestigt mit einem Eisenbolzen, mit dem man sie nötigenfalls in der Prärie anpflocken kann. Es brachte mich fast zur Verzweiflung, wie umsichtig und genau jeder einzelne Sattelgurt geprüft, jeder Zügel angelegt und jedes Gewehr befestigt wurde. Doch gegen sieben Uhr ritten wir schließlich los.

Da es ein bitterkalter Tag war, an dem ein heftiger Wind blies, trug ich eine von Fayes Mützen. Obwohl das meinem Aussehen keineswegs zuträglich war, verknotete ich die Ohrenschützer fest unterm Kinn und trug ein langes Seidentuch mehrfach um den Hals gewickelt. Diese Aufmachung passte haargenau zu den Wildlederhemden, Halstüchern und Mokassins der Offiziere. Die Soldaten folgten uns in zwei großen Armeewaggons, mit jeweils vier Mulis davor gespannt. Ein paar berittene Offiziersburschen führten weitere Reitpferde am Zügel mit.

Wir ritten zwölf Meilen weit, ohne irgendein Lebewesen zu sehen. Unsere Hände und Füße fühlten sich wie erfroren an, als wir auf einer kleinen Ranch kurz abstiegen. Faye schlug mir deshalb vor, in der Ranch zu bleiben. Doch das kam für mich überhaupt nicht in Frage, da ich von dem Rancher hörte, dass er heute Morgen, nur zwei Meilen von hier entfernt, eine Büffelherde gesehen hätte. Nach etwa einer Meile erreichten wir eine kleine Schlucht, in der wir einen armseligen Büffel fanden. Zu alt und zu ausgemergelt, um mit seinen Gefährten Schritt halten zu können, hatte ihn die Herde wohl zurückgelassen. Mit Sicherheit würde er hier alleine sterben. In einem Kreis um sich herum hatte er sämtliches Gras abgefressen und sich danach gewälzt, bis der Boden aussah, als sei er mit Spaten und Hacke bearbeitet worden.

Als wir uns näherten, kam er auf seine zittrigen alten Beine hoch und versuchte, Kampfbereitschaft zu demonstrieren, indem er den Kopf mit den Hörnern senkte. Aber selbst ein kleines Kind hätte ihn umwerfen können. Ich fand es höchst bemitleidenswert, dass er hier alleine verhungern sollte. Sein schöner Kopf und sein außergewöhnlich langer Bart deuteten darauf hin, dass er früher ein großartiges Exemplar seiner Gattung gewesen war. Einer der Offiziere versuchte mich zu überreden, ihn zu erschießen. Er meinte, das sei ein humaner Akt und gäbe mir gleichzeitig das Prestige, einen Büffel getötet zu haben. Schon der Gedanke, auf so ein schwaches und völlig hilfloses Wesen eine Pistole zu richten, war mir zuwider. Wir ließen ihn daher in Frieden und ritten weiter, doch nur wenige Minuten später hörten wir den scharfen Knall eines Gewehrs. Wahrscheinlich war dieser Schuss ein mildtätiger Akt, aber in meinen Ohren klang er nach Mord. Seither verfolgt mich der trostlos trübe Blick dieses hilflosen alten Tieres.

Ungefähr zwei Meilen weiter stießen wir auf die gesuchte Herde, die auf einer Wiese zwischen den niedrigen, sanft gewellten Hügeln friedlich graste. Wir zogen uns sogleich wieder ein Stück weit zurück und warteten auf die Wagen. Sobald sie ankamen, begann ein hektisches Treiben. Die Offiziere sattelten jetzt auf ihre Jagdpferde um, die Soldaten machten ihre eigenen Pferde und Gewehre startbereit. Leutnant Baldwin erteilte jedermann genaue Instruktionen. Danach ritt jeder in eine andere Richtung davon, um eine Art Kordon um die ganze Herde zu schließen. Faye beteiligte sich nicht an der Jagd, er blieb den ganzen Tag über in meiner Nähe. Wir suchten uns einen Hügel, von dem aus wir das ganze Tal überblicken und die Treibjagd verfolgen konnten.

Wie mir schien, dauerte es nur wenige Minuten, bis sich die Büffel auf Leutnant Baldwin zubewegten. Durchs Feldglas konnte ich das weitere Geschehen gut beobachten. Er ließ sie nahe herankommen, dann ritt er auf ein Tier zu, um es von der Herde zu trennen. Dieser Büffel raste anschließend direkt in unsere Richtung.

Eine Büffeljagd aus sicherer Distanz zu beobachten, ist *eine* Sache, wenn aber solch ein gewaltiges Tier wie eine Dampflok direkt auf Dich zu gedonnert kommt, ist das etwas völlig anderes. Ich ritt an diesem Tag auch noch ausgerechnet eines von Leutnant Baldwins Pferden und fürchtete, dass es sich seinem Kameraden Tom anschließen könnte, wenn es ihn vorbeigaloppieren sah. Da ich nicht unbedingt aktiv an der Hetzjagd teilnehmen wollte, bat ich Faye, sich mit mir etwas weiter zurückzuziehen. Er rührte sich jedoch nicht vom Fleck und versicherte mir, es bestünde keinerlei Gefahr.

Schon nach kürzester Zeit lief der Büffel an uns vorbei, Leutnant Baldwin dicht hinter ihm. Sein Pferd wirkte recht klein und schmal neben diesem mächtigen Tier, das mit weit heraushängender Zunge dahintrottete. Das sah alles so mühelos aus, aber in Wirklichkeit war das Tempo rasant. Obwohl Leutnant Baldwins Vollblut schon wie ein Windhund dahinraste, traktierte er es immer noch mit Sporen. Kurz darauf ritt der Leutnant ganz dicht zur Linken des Büffels, den Revolver in der rechten Hand. »Wieso schießt er denn nicht?« fragte ich Faye. Er meinte, Baldwin müsse erst näher an die Schulter herankommen, da ein Büffel nur an wenigen Körperstellen verwundbar sei. Ein erfahrener Büffeljäger würde niemals auch nur daran denken, einen Schuss abzufeuern, bevor er nicht auf Herz oder Lunge zielen könne.

Mein Pferd benahm sich gut – es wirbelte nur ein paarmal herum – aber Faye war für ein paar Minuten eifrig beschäftigt, da sein Pferd vorne hochging, schnaubte und in panischer Angst davonrasen wollte. Ich wusste, dass Faye sich nicht abwerfen lassen würde, daher genoss ich dieses Schauspiel. Ich hatte ja schließlich den Vorschlag gemacht, etwas weiter wegzureiten.

Leutnant Baldwin und der Büffel verschwanden bald in der Ferne. Gerade als sich die Pferde wieder beruhigt hatten, hörten wir aus einer anderen Richtung Schüsse. Wir blickten uns um und sahen ein pathetisches Schauspiel. Unmittelbar vor Leutnant Aldens Pferd stand ein mächtiger Büffel, völlig regungslos, mit eingezogenem Kinn, Hörner in Kampfstellung nach vorne gerichtet. Es war leicht zu erkennen, dass dem armen Pferd diese Gegenüberstellung gar nicht gefiel, denn hin und wieder versuchte es einen Sprung seitwärts zu machen. Der Büffel war verwundet und daher nicht mehr lauffähig. Er konnte sich aber immer noch schnell genug drehen, um die Hörner wieder dem Pferd zuzuwenden. Das tat er jedes Mal, wenn Leutnant Alden versuchte, auf seine Flanke zu zielen.

Faye entschloss sich, zu Leutnant Alden hinüberzureiten. Er wollte den Büffel ablenken, damit der tödliche Schuss abgefeuert werden konnte. Ich hielt mir die Ohren zu, denn ich wollte den Schuss nicht hören. Nach einer gewissen Zeit sah ich hinüber, aber der Büffel stand immer noch aufrecht, während mir die beiden Leutnants bedeuteten, ich solle zu ihnen herüberkommen. Ich sah jedoch keine Glorie darin, ein verwundetes Tier zu erschießen, daher ritt ich in die andere Richtung davon. Ich war noch nicht weit gekommen, da hörte ich den Pistolenschuss.

Als ich später zu den beiden hinüberritt, um mir das riesige Tier aus der Nähe anzusehen, da fand ich sie in großer Aufregung vor. Es sei ein außergewöhnlich mächtiges Exemplar, erklärte mir Faye, ein rabenschwarzer *Blueskin*. Durch das lange Stehen im bitterkalten Wind fühlten sich meine Hände jetzt so steif an, dass ich kaum noch die Zügel halten konnte. Faye setzte mich daher auf die Schulter des warmen Kadavers und ich vergrub meine Hände in dem zottigen Fell. Als der Büffel dabei auf seine verwundete Seite fiel, sah er so aus, als schliefe er nur. Ich befürchtete fast, dass er gleich aufspringen würde, als Protest gegen diese unwürdige Behandlung.

Kurz danach ritten Faye und ich zum Stützpunkt zurück. Die anderen folgten uns mit dem Fleisch und den Häuten von vier Büffeln erst viele Stunden später. Zwölf Stunden lang war ich im eiskalten Wind im Sattel gesessen, daher fühlte ich mich so müde und steif, dass ich wie ein Kleiderbündel zu Boden fiel, als Faye mir vom Pferd half. Vermutlich werde ich mir keine zweite Büffeljagd mehr ansehen. Für manche Leute mag so etwas ein grandioses Schauspiel sein. Mir macht es wenig Freude mit anzusehen, wie diese wundervollen Tiere um ihr Leben rennen müssen.

Fort Lyon, Dezember 1871 (5. Brief)

Unser erstes Weihnachten war wunderschön. Trotzdem hat es mich sehr geschmerzt, kein Päckchen von zuhause zu bekommen. Dabei bin ich mir ziemlich sicher, dass es schon seit vielen Tagen in Kit Carson liegt und nur auf seinen Transport wartet. Wir hatten trotzdem ein schönes Fest, denn die anderen Offiziersfrauen schickten mir hübsche kleine Geschenke. Ich finde es von ihnen wirklich nett daran zu denken, dass ich wohl gerade um diese Zeit mehr Heimweh spüre als sonst. All diese kleinen Präsente legte ich auf unseren Tisch. Daneben stellte ich ein Stück Karton. Darauf schrieb ich: ein Päckchen von zuhause, Inhalt unbekannt. Mein schöner neuer Sattel wurde ebenfalls hereingebracht. Obwohl ich ihn schon seit ein paar Wochen benutze, war er eigentlich Fayes Weihnachtsgeschenk.

In der Armee besucht man sich gegenseitig am Weihnachtsmorgen, tauscht Glückwünsche aus und bestaunt die Gabentische. Ich finde, das ist ein sehr hübscher Brauch, denn hier draußen gibt es natürlich weit und breit keinen Laden mit schöner Weihnachtsauslage. Wir statteten auch dem Junggesellenquartier einen Besuch ab. Fast jeder von uns brachte eine Kleinigkeit mit, z.B. selbstgemachtes Konfekt. Ich hatte bereits am Morgen meinen selbstgebackenen Früchtekuchen hinübergeschickt. Selbstverständlich gibt es auch so etwas hier nirgends zu kaufen. Ich wollte aber auf gar keinen Fall an Weihnachten auf einen Früchtekuchen verzichten, daher musste ich wohl oder übel selbst die Ärmel aufkrempeln, denn Eliza, meine ansonsten tüchtige schwarze Köchin, bringt leider nur Alltagskuchen zustande. Zwei ermüdende Tage lang schnitt ich Früchte klein, was ziemlich viel Ausdauer erforderte. Nachdem alles zusammengemischt war, schienen mir das genügend Früchte für ein ganzes Regiment zu sein. Ich entschied daher, zwei Kuchen zu backen. Als sie aus dem Ofen kamen, sahen sie großartig aus und dufteten herrlich. Ich schlug sie in weißes, mit Brandy benetztes Papier ein und verstaute sie sorgfältig – einen im Steinkrug, den anderen in einer Zinndose. Den einen wollte ich an Weihnachten verschenken, der andere war für uns selbst gedacht. In diesem Fall hatte ich allerdings die Rechnung ohne meinen ewig hungrigen Ehemann gemacht. Es ist wirklich eine Schande, dass man diese jungen Kadetten in Westpoint mit Essen derart knapp hält, dass sie Monate nach ihrem Abschluss immer noch ständig auf der Suche nach Essbarem sind.

An diesem Abend war ich für eine Stunde abwesend, da ich zur Chorprobe in die Kapelle ging. Als ich zurückkehrte, fand ich Faye mit drei anderen Offizieren vor dem offenen Feuer sitzen. Sie rauchten und machten allesamt einen höchst zufriedenen Eindruck. Kaum öffnete ich die Tür, standen sie alle miteinander auf und lobten den Kuchen. Selbstverständlich hätten sie für mich ein großes Stück übriggelassen, behauptete Faye. Mir schwante Übles, und tatsächlich fand ich in der Küche ein äußerst kümmerliches Stückchen von meinem mit so viel Aufwand gebackenen Früchtekuchen. Krümelteller, Servietten, eine Weinflasche und leere Gläser erzählten den Rest der traurigen Geschichte. Ich ging wieder ins Wohnzimmer zurück und musste mich wirklich dazu zwingen, zu den vier Herren einigermaßen höflich zu sein. Jeder von ihnen sah genauso aus, wie die Katze, die gerade den Kanarienvogel verspeist hat. Der Kuchen war noch gar nicht völlig ausgekühlt und muss schrecklich klebrig geschmeckt haben. Wer von ihnen, fragte ich mich, wird wohl als erstes den Doktor brauchen? Und was wird der tun, wenn alle vier gleichzeitig mit Krämpfen bei ihm erscheinen. Aber offenkundig war der Kuchen gut durchgebacken, denn keiner klagte über irgendwelche Beschwerden. Was wäre wohl passiert, wenn sie den zweiten Kuchen auch noch gefunden hätten?

Nach dem Weihnachtsgottesdienst machten wir – d.h. die Offiziere samt Ehefrauen, auch noch einen Besuch in den Wohnbaracken der Soldaten. Als wir in den Speisesaal eintraten, fanden wir die gesamte Kompanie in zwei Reihen aufgestellt, jeder Soldat in seiner besten Inspektionsuniform, an der jeder Knopf glänzte. Die Augen geradeaus gerichtet, die Hände an der Seite, wirkten sie wie komische Wachsfiguren, die nur darauf warten, dass man sie aufzieht. Am liebsten hätte ich General Phillips kleinen Sohn dazu ermuntert, einen von ihnen zu zwicken. Er hätte das bestimmt gemacht und danach, ohne zu zögern, mit dem Finger auf mich gezeigt.

Die drei langen Esstische bogen sich geradezu unter der Last von Büffel- und Antilopenfleisch, gekochtem Schinken, den verschiedensten Gemüsesorten, Kuchen, Gebäck, getrockneten Äpfeln und Kaffee. Den Mittelpunkt eines jeden Tisches bildete jeweils ein Napfkuchen mit dickem Zuckerguss. Sie stammten von Mrs. Phillips, Mrs. Barker und mir. Alles war schön geschmückt, leider fehlten ein paar grüne Zweige. General Phillips hielt eine kurze Ansprache, danach wünschte er den Männern »Fröhliche Weihnachten«. Dem Gelächter und Füße Scharren nach zu urteilen, waren die Soldaten reichlich froh, sich wieder bewegen zu dürfen.

Am letzten Freitag gab es dann auch noch einen Ball. Für Musik sorgten zwei Soldaten, einer spielte Violine, ein anderer Akkordeon. Es ist schon verblüffend, wie gut unser deutscher Akkordeonspieler ein ganzes Orchester ersetzen kann. Ihr Mädchen im Osten habt sicherlich bessere Tanzmusik und wachspolierte Böden. Dafür haben wir aber mit Sicherheit die besseren Tanzpartner, denn sämtliche Offiziere sind ausgezeichnete Tänzer. Wenn man so herumwirbelt und dabei mit dem Kinn oder der Nase dann und wann an diesen großartigen Goldepauletten kratzt, dann fühlt man sich leicht wie eine Feder und glaubt, dass man mit einem Märchenprinzen tanzt. Die Offiziere trugen selbstverständlich ihre Galauniformen, während wir Frauen in unserer schönsten Abendgarderobe erschienen. Ich hatte mein nilgrünes Seidenkleid an. Ich fürchte nur, es hob meine Sonnenbräune allzu deutlich hervor.

Fort Lyon, Januar 1872 (6. Brief)

Als ich letzten Herbst mit der Postkutsche aus Kit Carson herüberfuhr, saß ich vorn beim Kutscher. Er fuhr schon seit vielen Jahren mit seiner Postkutsche über die Prärie und erzählte mir von all den schrecklichen Dingen, die er dabei schon erlebt hatte. Am aufregendsten (und ehrlich gesagt unglaubwürdigsten) fand ich seine Geschichten über die entsetzlichen Sandstürme, bei denen es ihm nur mit allergrößter Mühe gelang, die Postkutsche und sich selbst zu retten. Inzwischen habe auch ich einige wilde Stürme erlebt, nach denen im Haus überall Sand lag, aber bisher gab es nichts, was den Erlebnissen des Kutschers auch nur annähernd glich. Seit gestern halte ich seine Erzählungen allerdings nicht mehr für übertrieben, denn ich erlebte selbst einen gewaltigen Sandsturm – und das auch noch draußen im offenen Gelände.

Faye war an diesem Tag der wachhabende Offizier, damit durfte er die Garnison nicht verlassen. Nun mag ich es aber gar nicht, wenn ich auf meinen täglichen Ausritt verzichten muss. Einige unserer Offiziersfrauen beklagen ständig, dass das Leben hier so eintönig sei. Das sind diejenigen, die den ganzen Tag nichts zu tun haben. Mit der Zeit sorgt das für Spinnweben im Hirn und für ständig boshaften Klatsch und Tratsch. Vermutlich gab ich ihnen an diesem Morgen Anlass zum Tratschen, denn ich ritt mit zwei Junggesellen los. Die Sonne schien, es war angenehm warm, am Himmel zeigte sich kein einziges Wölkchen. Der ideale Tag für einen kurzen Ausritt. Unser Ziel, die Mündung eines Flüsschens, lag fünf Meilen vom Stützpunkt entfernt. Hier fließt herrlich klares Wasser über die Steine und das Ufer ist gesäumt von Bäumen und Sträuchern, in dieser trostlosen Gegend eine Seltenheit.

Nach einem flotten Galopp ließen wir die Pferde frisches Wasser trinken. Danach machten wir uns in der denkbar besten Laune auf den Rückweg. Wir saßen kaum wieder im Sattel, als Leutnant Baldwin bemerkte: »die Wolke dort hinten gefällt mir gar nicht«. Da Leutnant Alden und ich nur einen dunkelgrauen Streifen am Horizont sahen, kümmerten wir uns nicht weiter darum. Kurze Zeit später drehte ich mich zufällig um und war verblüfft, wie diese Wolke sich plötzlich ausgebreitet hatte. Zwei Meilen vor dem Stützpunkt rief Baldwin plötzlich: »Gebt den Pferden die Sporen, da hinten kommt ein Sandsturm«. Kurz danach verdunkelte sich die Sonne wie bei einer Sonnenfinsternis. Als wir schließlich das erste Gebäude erreichten, umgab mich ein Donnern, Brausen und Toben, das sich anhörte, wie ein gewaltiger Wasserfall. Leutnant Baldwin erschien jetzt an meiner rechten Seite, ergriff die Zügel meines Pferdes und rief Leutnant Alden zu, dasselbe auf der linken Seite zu tun. Keine Sekunde zu früh, denn als wir die Wohnbaracken erreichten, traf uns der Sturm mit solcher Wucht, dass es mich fast aus dem Sattel wehte. Die Luft schien nur noch aus körnigem Sand zu bestehen, ich konnte nicht einmal mehr die Ohren meines Pferdes sehen. Die Pferde wirbelten in Panik herum und versuchten davonzugaloppieren. Leutnant Baldwins Stimme schien von weither zu kommen, als er uns zubrüllte: »Bleibt im Sattel, haltet die Zügel fest, lasst die Pferde auf gar keinen Fall zum Stall rennen.« Er befürchtete, dass wir sonst auf die Stützen des Flaggenmasts geschleudert würden. Nach etwa zwanzig Minuten ließ der Sturm kurz nach. Kaum hatte ich in diesen wenigen Sekunden einen Zaun erspäht, da war ich auch schon aus den Steigbügeln und rannte darauf zu. Mit welcher Freude ich kurz danach diesen Zaun umklammert hielt, kann ich Dir kaum beschreiben. Plötzlich erschien Leutnant Baldwin neben mir, wie aus dem Nichts. In diesem Moment rannte auch der Kaplan heraus, an dessen Zaun ich mich klammerte. Die beiden Herren halfen mir ins Haus. Leutnant Baldwins Gesicht war schwarz vor Dreck und Wut. Kaum war ich in Sicherheit, ließ er auf mich ein Donnerwetter los. Er hätte doch ausdrücklich gesagt, ich solle im Sattel bleiben bla, bla, bla, die Pferde hätten mich zu Tode trampeln können bla, bla, bla. Ich war in diesem Moment mit den Nerven so fertig, dass ich ihn anfauchte, ein alter Junggeselle wie er hätte halt keine Ahnung, dass eine Frau immer genau das tut, was man ihr verbietet. Diese weibliche Logik brachte ihn wohl zum Schmunzeln, zumindest hörte er mit der Schimpferei auf. Ich wusste, dass Faye sich wohl Sorgen um mich machen würde, daher schlug ich die Einladung des Kaplans aus, mich noch ein wenig auszuruhen. Ich wischte mir den Sand aus den Augen und machte mich an Baldwins Arm schleunigst auf den Heimweg. Jedes Haus, an dem wir vorbeikamen, hatte die Fensterläden dicht geschlossen. Es sah aus, wie in einer Geisterstadt. Nur auf dem Exerzierplatz mühten sich gerade ein paar Soldaten damit ab, einen Dachabschnitt ihrer Verpflegungsbaracke mit dicken Seilen wieder nach oben zu zerren. Montags ist immer Wäschetag, daher hing die gesamte Wäsche draußen. Das meiste wurde davongeweht und nie mehr gesehen. Was sich in den hohen Zäunen verfing, war zerfetzt. Mein Haar, das ich beim Reiten als Zopf trage, ist auch jetzt noch völlig verfilzt und mein Gesicht gleicht einem Streuselkuchen.

Fort Lyon, April 1872 (7. Brief)

In letzter Zeit ist viel passiert, meist recht Unerfreuliches. Die lang befürchtete Order, nach *Camp Supply* umzuziehen, ist jetzt eingetroffen. Wir werden also diesen Stützpunkt in den nächsten zehn Tagen verlassen. In dieser Zeit erwartet man von uns, dass wir unsere wenigen Habseligkeiten entweder verkaufen, verschenken oder zertrümmern, denn wir dürfen nur sehr wenig mitnehmen. Eliza hat mir gekündigt. Sie hat keine Lust, noch einmal in ein Gebiet zu gehen, in dem es von Indianern nur so wimmelt. Es tut mir leid, sie zu verlieren, aber ich muss ihren gesunden Menschenverstand bewundern. Ich selbst würde ja auch nicht gehen, wenn ich nicht müsste.

Bis jetzt ist noch nichts verpackt, da der Tischler sich erst um unsere Umzugskisten kümmern darf, nachdem der Captain und der erste Leutnant umfassend versorgt sind. So langsam beneide ich sogar einen ersten Leutnant.

Etwas sehr Schlimmes ist auch noch passiert. Leutnant Baldwin hatte einen schweren Reitunfall. Als die beiden Hunde des Kaplans zwischen die Beine von Baldwins Vollblut Tom liefen, geriet der in Panik. Bei dem Versuch, sich mit einem wilden Sprung zu befreien, ging er in die Knie, worauf Leutnant Baldwin, der beste Reiter des Regiments, über den Kopf seines Pferdes flog. Dabei stürzte er so schwer, dass der Garnisonsarzt ihn an Armen und Beinen bandagieren musste. Auch Tom ist so schwer verletzt, dass sein weiteres Schicksal höchst ungewiss ist. Und all das wegen zwei tollpatschigen, jungen Hunden!

Fort Lyon, Mai 1872

Alles ist verpackt und verschickt. Zwei große Wagen sind für das Gepäck der drei Offiziere vorgesehen. Da General Phillips jedoch einen gesamten Wagen für sich alleine beansprucht, bleibt für Leutnant Barker und uns nur noch jeweils die Hälfte des zweiten Wagens. Fast unsere gesamten Möbel haben wir verschenkt. Unsere Koffer mussten wir per Fracht vorausschicken, natürlich auf eigene

Kosten. Ich bin schon sehr gespannt, ob wir sie jemals wiedersehen. Wir können nur einen geringen Teil unseres Geschirrs in einem Fass mitnehmen. Heute Morgen musste Faye dann feststellen, dass Leutnant Barker veranlasst hatte, dass unser Fass hier zu bleiben hat. Er glaubt wohl, dass er mehr Platz für seine Sachen braucht, als die Hälfte des zweiten Wagens. Zum Glück hat sich Faye das nicht gefallen lassen. Er befahl den Soldaten, unser Fass augenblicklich wieder aufzuladen.

Ich soll im Ambulanzwagen von Mrs. Phillips mitfahren. Auf vier Sitze verteilt sind wir sechs Personen: Mrs. Philipps mit ihrem kleinen Sohn und ihrer schwarzen Köchin, Mrs. Baker, mit ihrem kleinen Sohn und ich. Eigentlich hätten wir alle einen Sitzplatz, wäre da nicht die mittlere Bank herausgenommen worden, damit Mrs. Phillips gemütlicher Schaukelstuhl genügend Platz hat. Selbstverständlich wird darin einzig und allein Mrs. Phillips schaukeln.

Ich habe einen Windhund geschenkt bekommen. Er heißt Hal und ist noch ein Welpe. Faye wollte mir nicht erlauben, ihn mitzunehmen. Er fürchtet, so ein junger Hund könne auf der Fahrt die anderen stören. Ich bin jedoch fest überzeugt, dass Hal für weitaus weniger Ärger sorgen wird als diese beiden ungezogenen Bengel. Fayes Offiziersbursche ist jedoch mit mir im Bunde. Er hat Hal einfach mitgenommen. Ich bin ihm sehr dankbar, denn er wird Hal während der Fahrt mit Kondensmilch füttern und gut auf ihn aufpassen.

In den letzten Tagen habe ich mir fast die Augen ausgeweint. Ich lasse hier so viel zurück, was mir lieb geworden ist. Und dabei denke ich nicht nur an unsere Freunde. Ich werde auch meinen lieben alten John vermissen, der mich so viele Meilen treu und brav getragen hat. Wir machen uns schreckliche Sorgen um Leutnant Baldwin. Der Doktor meint, er habe jeglichen Lebensmut verloren. Als wir losfuhren, schleppte er sich, gestützt auf seinen treuen mexikanischen Offiziersburschen, bis auf die Veranda. Er ist immer noch völlig bandagiert und damit Tag und Nacht auf fremde Hilfe angewiesen.

Das alte Fort Zarah, Kansas

Die letzte Nacht kampierten wir in der Nähe eines verlassenen alten Forts. Die Soldaten hatten wohl nichts Besseres zu tun, also machten sie sich auf die Jagd nach Klapperschlangen. An solch einem Ort findet man Exemplare in jeder Größe. Vermutlich wohnten schon unzählige Generationen von Klapperschlangen in dieser alten Ruine.

Der erste Fahrtag war für mich wirklich die reinste Hölle. Stundenlang musste ich rückwärtsfahren und mir sogar einen Sitz mit der schwarzen Köchin teilen. Irgendwann hatte ich von dieser demütigenden Situation endgültig die Nase voll. Mir stand doch wohl genauso viel Platz zu, wie dem kleinen Barker. Nach einer Pause kletterte ich als erste in den Wagen und setzte mich dreist auf seinen Platz. Als Mutter und Sohn wieder hereinkamen, schlug mir das Herz bis zum Hals, denn ich fürchtete ihre allseits bekannte böse Zunge. Sie sagte jedoch kein Wort und nahm ihren Sohn auf den Schoß. Sie flüsterte ihm jedoch ständig etwas ins Ohr. Vermutlich stachelte sie ihn an, denn alle paar Minuten verpasste mir der Rotzlöffel einen kräftigen Tritt. Die Atmosphäre in diesem Ambulanzwagen war fast unerträglich. Die beiden Lausbuben rauften bei jeder Gelegenheit, worauf sich die Mütter giftige Wortgefechte lieferten.

Am nächsten Morgen war ich in rebellischer Stimmung. Ich nahm Hal auf den Arm und setzte mich mit ihm in den Wagen. Mrs. Barker warf einen Blick voll Verachtung auf meinen kleinen Hund und danach auf mich. Sie wagte jedoch nicht etwas Abschätziges zu sagen, da sie wusste, dass sich Mrs. Phillips in diesem Fall sofort auf meine Seite geschlagen hätte. Faye war verblüfft über meine Dreistigkeit, aber er lachte nur darüber. Von jetzt an wird mich niemand mehr daran hindern, meinen Hund mitzunehmen. Er hilft mir, diese höchst unangenehme Zeit zu ertragen, eingezwängt zwischen übellaunigen Menschen und einem Schaukelstuhl, der ständig an meinen Knöcheln reibt. Die Soldaten marschieren immer fünfzig Minuten lang, danach sind zehn Minuten Pause. Diese Zeit nutzen Hal und ich um gemeinsam loszurennen. Obwohl das vermutlich nicht sehr damenhaft ist und garantiert für abfällige Kommentare sorgt, gönnen sich der junge Hund und sein Frauchen diesen Spaß. Danach ist Hal so müde, dass er sofort ein Nickerchen hält.

Auf der der Fahrt hierher hielt ich ständig Ausschau nach Indianern. Daher konnte ich sicher sein: sobald etwas Ungewöhnliches in Sicht kam, machte irgendein Scherzkeks die Bemerkung: »Oh, schon wieder einer von Mrs. Roes Indianern!«. Irgendwann wird diese ständige Stichelei recht lästig, aber ich bin mir absolut sicher, dass ich hin und wieder auf einem der vielen Sandhügel den Kopf eines Indianers sah. Von Leutnant Baldwin weiß ich, dass Indianer stundenlang bewegungslos in einem Versteck liegen können, während sie jede Bewegung um sich herum wahrnehmen.

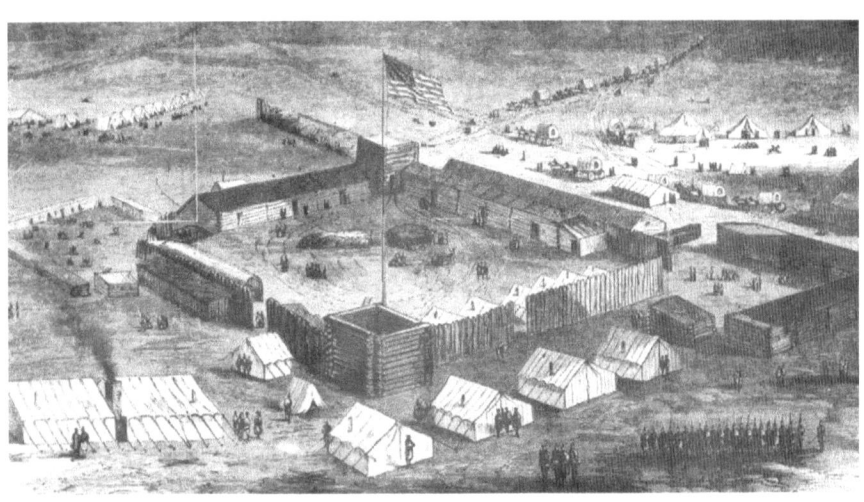

Abb. 15 Camp Supply

Camp Supply liegt wahrhaftig im Indianerland, denn wir sind umgeben von Komantschen, Apachen, Kiowas, Cheyenne und Arapahos, alle bis auf letztere erbitterte Feinde des weißen Mannes. Ohne bewaffnete Eskorte dürfen wir uns keinen Schritt vor die Garnison wagen. Selbst unsere Post wird von einem Ambulanzwagen, den ein Korporal und mehrere Soldaten begleiten, hierhergebracht.

Das ist nötig, denn erst vor kurzem wurden zwei Kuriere tot aufgefunden, beide mit einer Kugel im Rücken. Vermutlich blieb ihnen noch nicht einmal genug Zeit, ihre Revolver zu ziehen.

Wir wurden hier von der Familie Vincent freundlich empfangen. Mrs. Vincent bot mir an, ich könne bei ihr wohnen, bis unser Haus bezugsfertig sei. Ich hatte jedoch in den letzten Tagen so viel Regen und Schlamm abbekommen, dass ich vorerst lieber im Zelt übernachte. Faye muss sowieso bei der Truppe bleiben und ich will ihn nicht im Stich lassen. Trotzdem ist es wunderschön, dass es an diesem grässlichen Ort so charmante Leute gibt, wie die Vincents.

Camp Supply, Juni 1872 (8. Brief)

Wir sind jetzt in unser neues Haus eingezogen. Wer nur wenige Möbel hat, braucht nicht lange, um einen Platz dafür zu finden. Allerdings scheint es mir unmöglich, aus diesem Haus ein behagliches Heim zu machen. Manchmal frage ich mich ernsthaft: in was für eine Welt bin ich da eigentlich geraten?

Ursprünglich war dieses Haus als Offiziersmesse gedacht, deshalb hat unser Esszimmer auch eine längliche Form. Natürlich war dieser Raum für unsere Zwecke viel zu groß, bis uns die Idee kam, einen Teil davon als Vorratsraum zu nutzen. Dazu brauchten wir ein größeres Stück Zelttuch, für das uns der Quartiermeister fast auf die Knie fallen und betteln ließ. Dieser arrogante Kerl glaubt nämlich, jeder Nagel und jede einzelne Zwecke sei sein persönlicher Besitz, den er nach Gutdünken austeilen kann - oder auch nicht.

Die Hauswände bestehen aus Pappelholz, das Dach aus Lehm, der Boden aus Sand. Am Fuße der Baumstämme wachsen Nacht für Nacht kleine weiße Pilze und in der Rinde verbirgt sich tagsüber eine Armee an Käfern, die jede Nacht ausschwärmt. Inzwischen fürchte ich sie genauso sehr, wie eine Horde feindlicher Indianer!

Es hat sich inzwischen gezeigt, dass wir auf unserer Fahrt hierher tatsächlich ständig von Indianern beobachtet wurden. Sie hatten wohl nur nicht den richtigen Zeitpunkt erwischt, unsere Pferde und Mulis zu stehlen. Ein Infanterie Bataillon, das nach uns hierher marschierte, hatte da weniger Glück. Kurz nachdem sie am Abend die Pferde und Maultiere auf die Weide führten, erschienen – wie aus dem Nichts! - ein paar Krieger der Cheyenne auf ihren schnellen Ponys. Sie sorgten für eine Stampede und trieben anschließend die gesamte Herde weg. Ohne Maultiere lassen sich die schwer beladenen Ambulanzkarren nicht bewegen. Daher mussten die Ärmsten so lange in ihrem Camp auf der Prärie ausharren, bis Hilfe kam. General Phillips ist natürlich hocherfreut, dass ihm so etwas nicht passiert ist. Und ich bin froh, dass inzwischen niemand mehr über Mrs. Roes Indianer dumme Witze reißt.

Auf meinem ersten Ausritt ging das Pferd mit mir durch. Um ein Haar hätte ich deshalb die gesamt Wäsche der Soldaten abgeräumt. Mein Reittraining hat sich jedoch bestens bewährt, denn inzwischen sitze ich fest im Sattel. Ich kann aber auch wie ein Indianer reiten, d.h. mit dem Kopf dicht am Nacken des Pferdes. Unter der größtmöglichen Menge an interessierten Zuschauern machte ich diesem bockenden Pferd unmissverständlich klar, dass ich notfalls meine Peitsche zu gebrauchen weiß. Damit habe ich mir selbst die Peinlichkeit erspart, vor sämtlichen schwarzen Offiziersburschen der Garnison zwischen den Kavalleriepferden unfreiwillig abzusteigen.

Ich freue mich schon darauf, mit Hal ausreiten zu können. Im Augenblick wächst er rasch, besteht aber bis jetzt vor allem aus langen Beinen. Leider sind er und unser alter Armeekoch nicht gerade die besten Freunde. Bis Hal seine zweiten Zähne bekommt, muss er mit Milch und Brei gefüttert werden. Selbstverständlich hätte er nichts lieber als ein Stück Fleisch. Der Geruch von gegrilltem Beefsteak war daher solch eine Versuchung, dass er aus seinem Halsband schlüpfte, in die Küche stürmte und sich das brutzelnde Stück Fleisch aus der Pfanne schnappte. Noch bevor dieser dämliche alte Koch sein bisschen Verstand beisammen hatte, war Hal längst auf und davon. Natürlich verbrannte er sich die Schnauze an dem heißen Steak und jaulte vor Schmerz. Trotzdem hätte er um nichts auf der Welt seine Beute wieder rausgerückt. Schimpfend und fluchend rannte der Koch dem kleinen Hund hinterher und drohte ihm Prügel an – und ich rannte dem Koch hinterher, um ihn daran zu hindern.

Gestern gab es dann das nächste Drama. Der Koch hatte für unseren Besuch ein Stück Büffelzunge vorbereitet. Die lag bereits auf einer Platte, die wiederum auf einem blitzsauberen Tischtuch stand. Als ich unseren Besuch hereinführte, staunten wir nicht schlecht. Die Platte auf dem Tisch war blitzblank, auf dem Tischtuch darum herum sah man jedoch lauter Spuren von dreckigen Pfoten. Der Koch kam herein, sah die Katastrophe, ballte die Fäuste und rief schluchzend: »dieser `dammte Hund, Mum!« Danach musste ich den aufgebrachten Koch wieder beruhigen. Keine einfache Sache.

Am Abend hatte ich dann einen wirklich kranken Welpen. Es sah ganz so aus, als würde Hal die Nacht nicht überleben. Zu meinem Ärger kam dieser fiese alte Koch alle paar Minuten zur Tür herein und meinte scheinheilig, er fürchte, der Hund würde nicht wieder gesund. Auf seinem Gesicht zeigte sich dabei das fröhlichste Grinsen. Ich hätte aus der Haut fahren können. Ist es ein Wunder, dass Hal und sein Frauchen diesen Koch nicht ausstehen können? Wir beide mögen auch keine Indianer. Hal scheint sie zu hören oder vielleicht auch zu riechen. Sobald er zu knurren anfängt, drehe ich mich um und entdecke garantiert fünf oder sechs Indianer jeden Alters, die neugierig ihre hässlichen Nasen an meiner Fensterscheibe plattdrücken.

Camp Supply, Juni 1872 (9. Brief)

Wir sind zum ersten Mal aus unserem Haus rausgeworfen worden. »*Ranked out*« nennt man das in der Armee. Das bedeutet, ein ranghöherer Offizier will dein Haus und du wirst sang und klanglos an die frische Luft gesetzt.

Um zehn Uhr morgens schrieb mir Faye folgende Notiz: ein Captain der Kavallerie, soeben aus Texas eingetroffen, wünscht augenblicklich in unser Quartier einzuziehen. Die Order von General Phillips lautet, bis ein Uhr nachmittags muss alles ausgeräumt sein. Kann Dir leider nicht helfen, schicke Dir aber ein paar Soldaten.

Ich war zunächst wie vor den Kopf geschlagen. Wie konnte irgendjemand erwarten, dass man in drei Stunden ein Haus leerräumt? Kaum hatte ich die höchst unangenehme Wahrheit voll begriffen, da rückten auch schon vier Soldaten an. Sie waren sehr freundlich und taten ihr Bestes, mir zu helfen. Trotzdem konnten wir zu fünft in dieser kurzen Zeit nicht viel mehr tun, als unser gesamtes Hab und Gut in den Vorgarten hinauszutragen. Immerhin kollidierten wir nicht mit den schwarzen Soldaten des Kavallerieoffiziers, die Punkt ein Uhr mit seinen Möbeln und Umzugskisten erschienen.

Mit meinem kleinen Hund auf dem Schoß saß ich danach, einsam und verlassen, in unserem Vorgarten. Diese ganze Misere erinnerte mich an Zeitungsartikel über arme Frauen, die ihre Miete nicht mehr bezahlen können und daher aus ihrer Wohnung geworfen werden. Als ich gerade dabei war, in völlige Trostlosigkeit zu versinken, kam Mrs. Vincent dahergerannt. Sie hatte gerade erst von dieser üblen Sache erfahren. Zum Glück gibt es nette Menschen wie die Familie Vincent, bei denen wir im Augenblick wohnen können. Captain Vincent meinte, es hätte überhaupt keine Eile gehabt, dass der Captain sofort ein Quartier erhält. Auf der langen Fahrt hierher hatte er schließlich wochenlang im Zelt gewohnt. Das hätte er auch noch eine Nacht länger ausgehalten. Aber natürlich steckt wieder einmal General Phillips hinter dieser Gemeinheit.

Das ganze hatte - zumindest für mich - ein amüsantes Nachspiel, denn das *Ranking out* eines zweiten Leutnants bedeutete für Leutnant Barker und sechs Offiziere vom Rang eines Captains, dass auch sie umziehen mussten. Ich machte mir ein boshaftes Vergnügen daraus, am nächsten Tag zu beobachten, wie aus sämtlichen Häusern der ranghöheren Offiziere die Möbel herausgetragen wurden. Schön zu sehen, dass der Rauswurf eines zweiten Leutnants auch für andere Konsequenzen hat.

Camp Supply, Juli 1872

Wir sind jetzt in unser neues Haus eingezogen, das wir uns mit Major Hunt und seiner Familie teilen. Ihnen gehören vier Räume auf der linken Seite, uns zwei auf der rechten. Unsere Küche liegt draußen im Hof und war bis vor kurzem ein Hühnerstall. Unser Schlafzimmer ist an der Innenseite nicht einmal mit Zelttuch bedeckt. Da man in der Wand überall große Löcher sieht, zünde ich dort in der Nacht keine Kerze an. Ich fürchte nämlich, dass einer dieser Indianer, die ständig ums Camp herumschleichen, durch solch ein Loch auf uns schießen könnte.

Wir haben jetzt einen neuen Koch. General Phillips hat unseren alten Koch in die Soldatenmesse zurückbeordert. Angeblich wurde er dort mehr gebraucht. Inzwischen ist er im Haushalt der Phillips beschäftigt. Kommentar überflüssig! Ferrar, unser neuer Koch, ist zwar im Kochen noch etwas ungeübt, aber zum Glück mag er Hal. Mein kleiner Hund ist jetzt die meiste Zeit in einem Hundezwinger angeleint und versucht, wie auch sein Frauchen, sich in Gelassenheit und Würde zu üben.

Hier im Camp ist eine weitere junge Dame angekommen, eine Miss Dickinson. Sie soll eine absolut furchtlose Reiterin sein. Übrigens habe ich jetzt mein eigenes Pferd. Ich hoffe jedenfalls, dass es in den nächsten Wochen einem Pferd etwas ähnlicher sieht, wenn es etwas mehr Speck auf den Rippen hat und dafür eine weniger lange Zottelmähne. Eigentlich ist es ein Pony mit einem wohlgeformten Kopf und dünnen Beinchen. Wir haben es Little Raven abgekauft, einem Häuptling der Cheyenne. Wie sämtliche Indianerponys kann es rennen wie der Teufel.

Gerade kam mit der Post eine sehr traurige Nachricht aus Fort Lyon. Leutnant Baldwin lebt nicht mehr. Es erscheint mir fast unmöglich, dass sich solch ein gesunder, starker junger Mann von einem Reitunfall nicht mehr erholen konnte. Mit ihm haben wir unseren besten Freund verloren.

Camp Supply, September 1872 (1o. Brief)

Von Herbst ist hier noch nichts zu spüren. Es herrscht immer noch eine unglaubliche Hitze. Da es nie regnet, ist alles verdorrt. Der Fluss hat Niedrigwasser und dieses Wasser ist so alkalihaltig, dass jeder Tropfen abgekocht werden muss, bevor man ihn zum Kochen oder Trinken benutzen darf. Der Geschmack ist auch dann noch absolut scheußlich. Ohne etwas Zucker oder Zitronensaft lässt sich dieses Wasser überhaupt nicht trinken. Und wie Du dir denken kannst, sind frische Zitronen in diesem Landstrich völlig unbekannt.

Gestern wurde ich von einem Indianer gejagt. Und das kam so: Miss Dickinson und ich wollten ausreiten und Grote (der Sohn von General Philipps) schloss sich uns an. Gemeinsam trabten wir die *Sunflower Road* hinunter. Sie führt durch ein riesiges Feld mit Sonnenblumen, daher der Name. Diese wildwachsenden Sonnenblumen werden erstaunlich hoch, sodass man nicht einmal vom Pferd aus über sie hinwegsehen kann. Auf der anderen Seite des Wolf Creek liegt ein Apachendorf. Diese Apachen sind uns Weißen gegenüber extrem feindlich gesonnen, daher gilt die Sunflower Road eigentlich als recht gefährlich. Wir ritten jedoch ungefähr eine Meile weit, ohne irgendeiner Menschenseele zu begegnen. Wir waren bereits auf dem Rückweg, als Grote plötzlich rief: »Da kommt ein Indianer«. Das überraschte uns, doch als wir zurückblickten, sahen wir, dass er noch weit weg war und recht gemächlich in unsere Richtung ritt. Wir beachteten ihn daher nicht weiter. Grote drehte sich jedoch hin und wieder um und schrie plötzlich: »Mrs. Roe, der Indianer hat uns gleich eingeholt!« Ohne uns weiter umzudrehen, galoppierten wir los in Richtung Camp. Der Indianer ritt jedoch ein Fluchtpony, daher holte er rasch auf. Was wohl passiert wäre, wenn wir nicht noch rechtzeitig den Campladen erreicht hätten, stelle ich mir lieber nicht vor. Als wir unsere Ponys zügelten, wirbelte dieser abscheuliche Wilde zweimal in einem Kreis um uns herum. Um auf seinem Pony die Balance halten zu können, lehnte er sich zu einer Seite weit herunter. Mit einem teuflischen Grinsen, das uns zeigte, wie sehr er unsere Angst genoss, sagte er »How«. Dann verschwand er auf seinem pfeilschnellen Pony wieder in Richtung Sunflower Road. General Dickinson lässt uns seither auf unseren kurzen Ausritten von einem bewaffneten Soldaten begleiten.

Wie gefährlich die Situation tatsächlich war, zeigte sich bereits am nächsten Morgen. Eines der Mulis war aus seinem Pferch verschwunden. Zwei Kutscher marschierten daher gemeinsam los, um es zu suchen. Einer machte den Vorschlag, auf der anderen Seite des Wolf Creek ein Stück weit den Hügel hinaufzugehen. Der zweite meinte jedoch, das sei zu gefährlich. Der erste Kutscher ging trotzdem weiter. Als er nach längerer Zeit nicht zurückkam, wurde ein Suchtrupp losgeschickt. Man fand den Mann auf der anderen Hügelseite, nur knapp eine Viertelmeile vom Camp entfernt. Er war erschossen worden. Das Muli tauchte nicht mehr auf. Vermutlich steckt es inzwischen in irgendeinem weit entfernten Indianerkaff und schreit dort vergebens nach der großen Ration Hafer, an die es gewöhnt ist.

Letzten Montag erschienen vierzig oder fünfzig Indianer auf ihren Ponys urplötzlich vor den Offiziersquartieren. Ich kann dir gar nicht beschreiben, welch panische Angst sie bei uns Frauen auslösten. Sie ritten wie die leibhaftigen Teufel an den Quartieren vorbei und fielen in die Gemüsegärten ein. Dort ließen sie ihre Ponys mutwillig jedes Pflänzchen niedertrampeln. In dieser Gegend gedeiht kaum irgendein Gemüse. Wie es scheint, mag nur die Wassermelone das trockene Klima und den sandigen Boden. Die Gärtner hatten sich viel Mühe mit ihren Melonen gegeben. Jetzt waren sie fast reif, aber unter den Hufen dieser Ponys wurde jede Hoffnung auf eine ertragreiche Ernte zerstört. Wie mir schien, hatten diese Biester genauso viel bösartigen Spaß an der Zerstörung wie ihre Reiter.

Die Infanterie schickte sofort ein paar Soldaten in die Gärten. Die konnten jedoch nicht halb so schnell rennen wie die flinken Ponys. Vor den Bajonetten flüchteten die Ponys zwar, aber der Schaden war bereits angerichtet. Die Kavallerie rückte aus, um die Indianer aus dem Camp zu vertreiben. Die Truppen haben jedoch strikte Anweisung, nicht auf Indianer zu schießen. Man will ihnen keinen Grund zu einem Aufstand liefern. Die Indianer wissen das natürlich und nützen diese Schwäche schamlos aus. Nach gelungenem Zerstörungswerk ritt die gesamte Bande mehrmals in halsbrecherischem Tempo rund ums Camp, bevor sie über die Sandhügel verschwand. Auf dem höchsten Hügel ließ sich jedoch bis zum Einbruch der Nacht noch ein Wachposten erkennen, der reglos auf seinem Pony saß. Ein alter erfahrener Soldat sagte zu Faye, dass hinter diesen Sandhügeln bestimmt noch weitere Rothäute lauern. Seiner Meinung nach warteten sie nur auf eine günstige Gelegenheit für die nächste Teufelei.

Camp Supply, Oktober 1872 (11. Brief)

Dieser Ort wird mit jedem Tag gefährlicher. Der Angriff auf die Melonen war vermutlich nur das Werk junger Krieger auf der Suche nach etwas Spaß. Vorletzte Nacht gab es jedoch einen ernsthaften Angriff auf das Camp. Um ein Uhr nachts weckten Gewehrschüsse und Warnrufe »Indianer! Indianer!« die gesamte Garnison. Sofort war überall die Hölle los. Die *Long Roll* wurde getrommelt und der Trompeter blies *Boots and Saddles*. Das bedeutet für sämtliche Offiziere und Soldaten der Infanterie und Kavallerie sich unverzüglich zum Dienst zu melden. Faye schlüpfte sofort in seine Uniform, verabschiedete sich hastig und rannte zu seiner Einheit. Bald hörte man im ganzen Camp, wie Befehle gebrüllt wurden.

Unser Haus liegt am äußersten Ende der Offiziersquartiere und ist damit ziemlich isoliert. Mit beiden Männern aus dem Haus waren Mrs. Hunt und ich in dieser desolaten Lage auf uns selbst gestellt – und das mit drei kleinen Kindern, eines davon noch ein Baby. Selbstverständlich durften wir kein Licht anzünden. So schnell und so leise wie nur möglich, legten wir alle drei Kinder zusammen in eines der Betten und deckten sie vollständig zu. Danach schlossen wir sämtliche Türen und Fensterläden, zogen Hausschuhe an, warfen unsere Regenmäntel über die Nachthemden, setzten uns auf die Stufen vor der Haustür und warteten – wir hatten bloß keine Ahnung auf was! Ich hielt meinen Revolver fest in der Hand. Jetzt war ich froh, so eine zielsichere Schützin geworden zu sein. Aber würde ich auch tatsächlich einen Indianer aus Notwehr erschießen können? Auf jeden Fall würde uns kein mörderischer Apache lebend bekommen! Die arme Mrs. Hunt spürte wohl meine Entschlossenheit und fürchtete sich vor dem Revolver genauso sehr wie vor den Indianern.

Zehn Minuten nach den Warnschüssen herrschte vollkommene Stille im gesamten Camp. Völlig ahnungslos, was gerade um uns herum passierte, getrauten wir uns kaum zu atmen, geschweige denn zu flüstern. Wir verständigten uns daher nur durch Handzeichen. Zwei schreckliche, scheinbar endlos lange Stunden saßen wir auf den Stufen in dieser stockdunklen, schwülen Nacht. Mit zunehmend angespannteren Nerven horchten wir, ob jemand in Mokassins um die Ecke schlich. Kurz vor Morgengrauen kehrten unsere Ehemänner endlich zurück. Jetzt erst erfuhren wir, dass sich ein Trupp Soldaten der Infanterie die ganze Zeit über in unserer Nähe aufgehalten hatte, während ein Kavallerietrupp ständig Patrouille ums Camp ritt. Wie schafften es diese Soldaten nur, dass keines ihrer Pferde einen Laut von sich gab? Normalerweise hört man Pferde immer wieder kräftig schnauben.

Die Strategie der Apachen war nicht aufgegangen. Sie hatten wohl geglaubt, dass ein Angriff auf den Wachposten, der am weitesten von den Ställen entfernt ist, sämtliche Soldaten in diese Ecke lockt. Dann hätten sie eine gute Chance gehabt, die Kavalleriepferde zu stehlen. Was der rote Mann natürlich nicht wissen kann: sobald Alarm ausgelöst wird, rennt ein Trupp Soldaten als erstes zu den Ställen und schützt die Pferde. Die Strategie des weißen Mannes ist halt um einiges besser durchdacht.

Bei Tageslicht sah man überall im Sand Ponyspuren. Auf einem Hügel, ungefähr eine Meile entfernt, saß immer noch ein Wachposten auf seinem Pony. Wenn der wüsste, wie gut man ihn durch ein starkes Fernglas beobachten kann. Stundenlang sitzt er da, fast bewegungslos, mit dem Gesicht stets in Richtung Camp. Sollte die Kavallerie auf die Hügel zureiten, würde er sofort Alarm schlagen.

Faye erzählte mir, die schwarzen Kavalleriesoldaten hätten sich in dieser Nacht besondere Verdienste erworben. Ihrer Wachsamkeit sei es zu verdanken, dass die Indianer keine Pferde erbeuten konnten. Ich bin ja geneigt zu glauben, dass sie gute Soldaten sind, aber sie sind auch recht gut im Beschaffen von Vorräten, die anderen Leuten gehören. Samstagnacht brachen sie nämlich in unsere Vorratskammer ein und nahmen alles mit, was nicht niet- und nagelfest war. Bis auf die Seife. Für die hatten sie wohl keine Verwendung!

Als die anderen Offiziersfrauen davon hörten, dass unser gesamter Wochenvorrat gestohlen worden war, da lud man uns überall zum Essen ein. In diesem Fall zeigte es sich wieder einmal, dass die

Armee wie eine große Familie sein kann, die niemanden im Stich lässt.

Camp Supply, Januar 1873 (12. Brief)

Heute Vormittag wurde Captain White mit allen militärischen Ehren zu Grabe getragen. Ich ging nicht mit zur Beerdigung, stattdessen saß ich am Bett von Mrs. White. Wir hörten, wie drei Schüsse über dem Grab ihres Mannes abgefeuert wurden. Nach der Zeremonie kamen die Soldaten zurück und spielten wie üblich eine fröhliche Melodie. Ich fand das unnötig grausam, denn Mrs. White liegt immer noch krank im Bett. Ihre vier kleinen Kinder – eines davon ein Neugeborenes! - sind inzwischen auf verschiedene Offiziersfamilien verteilt. Das Ehepaar war schon seit längerer Zeit sehr krank. Seit Wochen hatten wir Frauen uns daher abgelöst, für die beiden zu sorgen.

Die letzte Nacht machte mir schwer zu schaffen, denn wie tröstet man eine Frau, die weiß, dass ihr Mann am nächsten Tag beerdigt wird. In der Armee hat eine arme Witwe mit vier Kindern keinen Platz. Sobald Mrs. White wieder einigermaßen auf den Beinen ist, muss sie sich mit den Kindern auf die lange Reise nach Norden machen. Dort wohnen ihre Verwandten und Freunde. Die Familie lebte für mehrere Jahre in diesem heißen Klima. An warmer Kleidung haben sie deshalb so gut wie nichts im Schrank. Da Mrs. White im Augenblick völlig hilflos ist und für sich selbst keine Entscheidungen treffen kann, werden wir Frauen in den nächsten Tagen dafür sorgen, dass die gesamte Familie mit warmer Kleidung ausgestattet wird.

Als ich am Morgen nach der Beerdigung nach Hause kam, wollte ich mich eigentlich nur noch für ein paar Stunden aufs Ohr legen. Kaum dort angekommen, hörte jedoch bei den Hunts einen Schrei, gefolgt von einem unglaublichen Tumult, sodass ich schnellstens hinübereilte. Mrs. Hunt stand in ihrem Wohnzimmer auf einem Stuhl, daher dachte ich, im Zimmer sei irgendwo eine Maus. Ich selbst fürchte mich nicht vor Mäusen, deshalb fand ich die Szene erst einmal recht komisch. Der Koch der Familie raste mit einem Knüppel bewaffnet durch die gesamte Wohnung und schlug wie ein Verrückter auf die Möbel und den Boden ein. Als er schließlich den

Knüppel hochhielt, hing eine tote Klapperschlange daran. Wir haben sie später vermessen. Sie war über einen halben Meter lang.

Diese Häuser haben keinen Kamin, daher gehen die Ofenrohre direkt durch den Dachbalken auf das Lehmdach hinaus. Die Kinder erzählten, die Schlange sei recht flink das Rohr heruntergekommen. Sie muss daher zuerst auf das Dach gelangt sein, bevor sie in einem Raum landete, in dem drei kleine Kinder alleine spielten. Mrs. Hunt fühlt sich immer noch ganz elend. Was wäre wohl passiert, hätte die Älteste nicht die Gefahr erkannt? Major Hunt schickte augenblicklich zwei Soldaten auf die Jagd nach weiteren Klapperschlangen. Einer durchsuchte den Garten, ein weiterer stieg mit einem Knüppel aufs Dach. Der erfüllte seinen Auftrag so gründlich, dass ich irgendwann befürchtete, er würde das gesamte Haus mit niederknüppeln.

Cimarron, Redoute, Kansas, Januar 1873

Meinen letzten Brief wollte ich eigentlich vom Camp aus abschicken, aber wie Du siehst, habe ich ihn selbst hierher befördert, denn die Redoute liegt auf dem halben Weg zwischen Camp Supply und Fort Dodge. Sie ist jedoch nicht nur Poststation. Wöchentlich werden hier Unmengen an Hafersäcken mit riesigen Karren angeliefert und nach Camp Supply weiterbefördert. Hier wechseln die Frachtfahrer auch die Mulis aus. Du glaubst gar nicht, was für gewaltige Mengen an Hafer nach Camp Supply geliefert werden, für all die vielen Kavalleriepferde und Mulis. In letzter Zeit wurden offenkundig in den Hafersäcken auch größere Mengen Whisky geschmuggelt und an die Indianer verkauft. General Dickinson schickte deshalb einen Offizier hierher, mit dem Auftrag, jeden einzelnen Sack Hafer, der ins Camp weitergeschickt wird, genau zu inspizieren. Innerhalb von drei Wochen kam dieser Offizier jedoch als todkranker Mann wieder zurück. Eine knappe halbe Stunde später erhielt Faye die Order, unverzüglich seinen Platz einzunehmen. Selbstverständlich wollte ich nicht alleine zurückbleiben. Faye ging daher zu General Dickinson mit der Bitte, mich mitnehmen zu dürfen. Der General war nicht begeistert. Er nannte die Redoute ein Dreckloch und fürchtete, ich könne den Aufenthalt dort nicht überleben. Er sprach aber auch nicht direkt ein Verbot aus. Als Faye noch zögerte, nahm ich mein Schicksal selbst in die Hand, d.h. ich begann zu packen. Selbstverständlich nahm ich Hal und Cheyenne (mein Pony) mit. Da Ferrar ebenfalls die Erlaubnis bekam, uns zu begleiten, ist unsere kleine Familie auch hier wieder komplett.

Die Redoute besteht vor allem aus Jutesäcken, gefüllt mit Sand. Sie ist wie ein Fort aufgebaut, allerdings in Miniatur. Wir haben nur zwei Räume zur Verfügung. Das Dach über unserem Kopf ist aus Jute, der Boden besteht aus Sand. Auf der einen Seite des Hauses hatte sich jede Menge schmutziger, nasser Sand zu einer Art Berg aufgetürmt. Bevor wir einziehen konnten, mussten erst ein paar Soldaten den gesamten Sand hinausbefördern. Anschließend wurde wieder frischer, trockener Sand auf dem Boden verteilt.

Das Wetter war viele Tage lang sommerlich schwül. Ich hatte schon so manche Schauergeschichte über den berüchtigten *Texas Norther* gehört, jenen Schneesturm, den im Grenzland jeder fürchtet. Angeblich seien in solch einem Sturm schon Leute erfroren und das nur ein paar Meter von ihrer eigenen Haustür entfernt. Inzwischen weiß ich allerdings, dass man an einem Tag unter extremer Hitze leiden und am nächsten Morgen im Schneegestöber aufwachen kann. Um Mitternacht war plötzlich ein schneidend kalter Wind aufgekommen. Schnee wehte in unserem Schlafzimmer zu jeder Ritze herein. Am nächsten Morgen lag er überall, selbst unter unserem Bett. Bevor wir im Ofen Feuer machen konnten, musste erst der gesamte Schnee hinausbefördert werden. Ich staune immer wieder, wie schnell und gründlich ein paar Soldaten solch eine Aufgabe bewältigen können. Da der Norther vierundzwanzig Stunden lang ununterbrochen wütete, wurde bald schon das Feuerholz knapp. Ein paar Männer mussten daher in die eisige Kälte hinaus, um neues Holz zu holen. Um draußen nicht die Orientierung zu verlieren, banden sie sich einen Strick um die Taille und befestigten das andere Ende am Türpfosten. Alle zehn Minuten mussten sich abwechseln, denn der klirrenden Kälte und dem Sturm hält auch der stärkste Mann nur ein paar Minuten stand.

Redoute, Februar 1873 (13. Brief)

Kannst Du dir vorstellen, dass wir hier, in unserem Sandpalast mitten in der Prärie, eine Dinnerparty gaben? So niedrig die Zahl der Gäste so hoch war ihr Rang, denn *Powder-Face*, Häuptling der Arapaho Nation, gab uns die Ehre, zusammen mit *Wauk*, seiner jungen Squaw. Sie ist die Mutter seines kleinen Häuptlings. Vor ein paar Tagen ritt Powder-Face vor, um dem *Weißen Häuptling* seine Aufwartung zu machen. Mit ihm kamen zwei weitere Indianer – Adjutanten würden wir das wohl nennen. Ein Soldat bot ihm an, sein Pferd zu halten, aber er stieg nicht ab und blieb mit würdigem Ernst auf seinem Pferd sitzen, bis Faye herauskam und ihn höchstpersönlich begrüßte. Powder-Face ist wirklich eine herausragende Persönlichkeit – breitschultrig und recht groß. Allein seine stolze Kopfhaltung besagt: das ist kein gewöhnlicher Wilder. Scheinbar fand er Gefallen an uns, denn er verkündete, er werde am nächsten Tag wiederkommen und seine Squaw mitbringen. Und was machte Faye in einem seiner Anfälle von Großzügigkeit? Lädt die beiden – zu meinem Horror! - zum Dinner ein. Natürlich machte ich Faye eine Szene, aber er meinte nur, das sei doch einmal eine lustige Abwechslung für mich. Meine Hoffnung, sie würden vielleicht nicht kommen, erfüllte sich nicht. Sie kamen sogar pünktlich. Ich muss zugeben, dass ich Wauk (die Squaw) sogar recht attraktiv fand. Sie war großgewachsen, schlank, mit einem mädchenhaften Gesicht. Mit einem Wort, sie sah völlig anders aus als die gedrungenen, fetten Squaws, die man sonst überall sieht. Sie machte auch einen ganz adretten Eindruck. Natürlich kann ich nicht sagen, ob sie sich für diese Gelegenheit besonders herausgeputzt hatte. Wauk verstand kein Wort Englisch, aber ihr Herr und Meister verständigte sich recht gut mittels Zeichensprache und ein paar Brocken Englisch.

Als sich das Dinner beim besten Willen nicht mehr länger hinausschieben ließ, gab ich Ferrar das Zeichen zu servieren. Die Menüauswahl ist an diesem Ort natürlich etwas beschränkt, aber ein Freund aus Fort Dodge hatte uns tags zuvor mit der Post etwas frischen Salat und Kartoffeln zukommen lassen. Das alles ließ sich Powder-

Face vorzüglich munden, während Wauk so gut wie nichts anrührte. Ihre Tischmanieren waren selbstverständlich nicht die Besten, aber insgesamt benahmen sie sich besser, als ich befürchtet hatte. Zumindest so lange, bis Ferrar hereinkam, um fürs Dessert abzuräumen. Als Powder-Face erkannte, dass das restliche Essen verschwinden würde, schubste er Ferrar zur Seite und begann nun seinerseits, den Tisch abzuräumen. Er strich die gesamte Butter auf das Brot, zog sämtliche Schüsseln zu sich heran und machte auf seinem Teller eine rechte Sauerei aus Büffelsteak, Schinken, Kartoffeln, Erbsen und Salat. »Für Papoose«, meinte er höchst zufrieden, als jeder einzelne Krümel auf seinem Teller lag. Faye wies Ferrar an, alles in Zeitungspapier einzuwickeln. Wauk hüpfte vor Vergnügen auf und ab. Was für ein Festmahl für ihren kleinen Häuptling! Beim Anblick meines Tischtuchs wäre auch ich am liebsten auf- und abgehüpft, allerdings vor Wut.

Nach dem Essen setzten sich die beiden Herren zum Rauchen an den Ofen. Der Häuptling erzählte dabei allerlei lustige Geschichten über seinen Ausflug in den Osten. Der große weiße Vater in Washington hatte ihn nämlich letztes Jahr eingeladen. Leider verstanden wir kaum ein Wort, aber Powder-Face und Wauk amüsierten sich köstlich. Irgendwann störte mich der starke Tipi-Geruch, daher versuchte ich, mich so weit wie möglich von den beiden zu entfernen. Ich setzte mich auf eine kleine Kommode am Fenster. Bisher hatte dieser verschlagene Häuptling von mir keinerlei Notiz genommen. Jetzt stand er plötzlich auf, warf sich die Decke um, kam mit langen Schritten auf mich zu, beförderte mich mit einem Griff wie aus Stahl von der Kommode und schleuderte mich gegen die Wand. Er warf den Kopf zurück und verlangte, zu Faye gewandt, den »Whisk! Whisk!« Seine ganze Haltung zeigte dabei, dass er gewohnt war zu befehlen. Ich muss zugeben, später sah auch ich die Komik in dieser Situation, vor allem, als Faye mir in einer Pantomime vormachte, wie ich mich angsterfüllt an den Vorhang klammerte.

Der Whisky war eigentlich für medizinische Zwecke gedacht. Gott sei Dank hatten wir nur eine geringe Menge mitgebracht. Es ist der Armee absolut verboten, Alkohol an Indianer auszuschenken. Aber in diesem Moment blieb Faye wohl nichts weiter übrig, als den Whisky herauszurücken. Powder-Face selbst trank nichts davon. Er hatte jedoch seinen Spaß daran, seine Squaw Whisky trinken zu sehen. Als sie zu ihren Pferden gingen, torkelte Wauk ein wenig, was den Häuptling wiederum köstlich amüsierte. Was für eine Erleichterung, sie endlich wegreiten zu sehen. Sie hatten Unterhaltung geboten, das gebe ich zu. Aber von der Art, die ich nicht unbedingt wiederholen muss.

Ich fürchtete schon, sie würden am nächsten Tag wiederkommen. Das taten sie zum Glück nicht. Allerdings schickte Powder-Face einen Indianer namens *Dog* zu uns. Dieser Dog brachte für mich ein hübsches Pony mit. Wir dachten zuerst, das sei ein Geschenk. Aber nein, Powder-Face verlangte eine ordentliche Summe dafür. Zusätzlich wollte er auch noch das fette Pony. Mein armer Cheyenne! In den letzten Wochen hatte er sich ordentlich Speck angefressen. Leider musste ich ihn ziehen lassen, zusammen mit einigen Säcken Zucker und Kaffee. Er wird wohl noch eine Zeitlang an den wundervollen Hafer denken, den er tagtäglich bei den Bleichgesichtern bekam. Bei den Indianern warten von nun an wieder magere Zeiten auf ihn. Dafür darf ich jetzt das nächste Indianerpony aufpäppeln. Ich werde es Powder-Face nennen.

Camp Supply, Februar 1873 (14. Brief)

Sämtliche Postwagen, die hier durchkommen, werden von einer Eskorte begleitet. Sie machen hier zwei Tage Rast, daher hören wir mal den Klatsch und Tratsch von Fort Dodge und mal den von Camp Supply. Das ist immer recht amüsant. Außerdem fühle ich mich sicherer, wenn außerhalb der Redoute Soldaten kampieren. Jeder Hafersack, der ins Camp weitergeschickt wird, bekommt vom Sergeant eine ordentliche Tracht Prügel, das heißt, auf jeden einzelnen Sack drischt er ein paarmal mit einer langen Stange ein. Bis jetzt wurde kein Whisky gefunden. Vermutlich hat es sich unter den Spitzbuben herumgesprochen, dass hier genau kontrolliert wird.

Wir bekommen tagtäglich von irgendwelchen Indianern Besuch. Du wirst nicht sehr verwundert sein, wenn ich Dir sage, dass ich auf diese Art Besuch liebend gern verzichten würde. Sobald Hal anfängt zu knurren, weiß ich, dass Indianer in der Nähe sind. Faye geht dann stets nach draußen und hält mit ihnen lange *pow-wows*. Sie zögern keineswegs, irgendwelche Forderungen an die Armee zu stellen. Und je mehr man ihnen gibt, desto mehr verlangen sie. Faye hat einem Indianer das Fell eines Büffelkalbs abgekauft. Ich dachte Hal würde sich über diese wolligweiche Decke in seinem Hundekörbchen freuen, aber er knurrte nur wütend und wandte sich danach beleidigt ab.»Das muss der Tipigeruch sein«, meinte Ferrar. Nachdem das Fell tagelang in der Sonne lag und mehrfach gründlich mit Kampfer abgerubbelt wurde, hat Hal es gnädig akzeptiert.

Camp Supply, Februar 1873

Wie Du siehst, bin ich wieder im Camp. Bei unserer Rückkehr wartete tatsächlich einmal eine erfreuliche Überraschung auf uns: ein völlig sauberes, kleines Haus. Wir durften sogar direkt einziehen. Nach all den erbärmlichen Hütten, in denen ich schon hausen musste, kommen mir weiße Wände und Holzböden wie purer Luxus vor. Der kommandierende Offizier im Camp heißt jetzt General

Bourke. Vieles hat sich zum Positiven verändert, seit er das Sagen hat.

Gestern beehrte uns wieder einmal ein Indianerhäuptling mit seinem Besuch. Zum Glück war Faye zuhause, denn er kam ganz einfach durch die Tür mit dem üblichen »How!«. Danach setzte er sich mitten im Wohnzimmer auf einen Stuhl. Von dort aus konnte er wohl beide Türen genau beobachten. Sein Gewehr lag griffbereit auf dem Boden. Da Faye ihn irgendwie unterhalten wollte, holte er aus der hinteren Ecke ein Gewehr neuester Machart, um es dem Häuptling zu zeigen. Dieser misstrauische Wilde schien genau zu spüren, dass Faye ein Gewehr in der Hand hielt. Blitzschnell griff er nach seinem eigenen Gewehr und legte es auf seine Knie. Danach sah er Faye herausfordernd an. Nicht einen Muskel verzog er, aber seine blitzenden Augen schienen Faye zu sagen: »Ich bin bereit«. In diesem Moment überlegte ich, ob ich Hilfe holen sollte. Faye lachte jedoch nur und zeigte dem Häuptling, dass das Gewehr in seiner Hand nicht geladen war. Damit entspannte sich die Situation wieder etwas. Der Häuptling blieb noch eine ganze Ewigkeit sitzen – so erschien es mir jedenfalls - ohne seine Position im geringsten zu ändern. Er sagte kein Wort, drehte nicht ein einziges Mal den Kopf, ja es schien, als würde er noch nicht einmal blinzeln. Und doch nahm er wohl alles und jedes um sich herum wahr. Ich hatte sogar das Gefühl, er könne meine Gedanken lesen.

Der Indianer, der mir mein Pony Powder-Face gebracht hatte, sein Name ist *Dog* (Hund), hat uns hier aufgespürt. Sein Name scheint Programm zu sein, denn Dog taucht jeden Tag in unserer Küche auf und wartet darauf, dass Ferrar ihm etwas zu Essen gibt. Er marschiert direkt in die Küche, bleibt dort oft stundenlang stehen, lächelt freundlich und wartet geduldig. Ferrar versucht so zu tun, als würde Dog gar nicht existieren, daher gibt er gelegentlich einen Grunzlaut von sich. Aus Verzweiflung gibt ihm Ferrar irgendwann einen Happen, wohl wissend, dass er ihn damit nur ermuntert, am nächsten Tag wieder zu erscheinen.

Camp Supply, April 1873

Du wirst es nicht glauben, aber ich habe schon wieder ein neues Pony. Allerdings ist es so lebhaft, dass ich es noch gar nicht reiten darf. Eine Kavallerietruppe hat dieses Pony von einer Scoutmission mitgebracht. Es sei eines Tages ganz einfach im Mannschaftszelt erschienen. Davor hatte es versucht, sich mit den Kavalleriepferden anzufreunden, die das arme, hässlich bemalte Ding jedoch nicht in ihrer Nähe duldeten. Die Soldaten brachten das Tier mit ins Camp und veranstalteten eine Tombola. Der Gewinner verkaufte es dann an Leutnant Isham, ein Kamerad von Faye aus seiner Zeit in Westpoint. Der Leutnant brachte es mir als Geschenk. Es trägt um den Hals ein Glöckchen und ist überall mit rot-braunen Streifen bemalt. Leutnant Isham meint, für den früheren Besitzer war es wohl eine Art Haustier. Ein alter erfahrener Soldat behauptet jedoch, es müsse sich um ein Rennpony handeln. Tatsächlich macht es drei gewaltige Hopser bevor es losrennt. Ich wusste gar nicht, dass die Indianer eine Vorliebe für Pferderennen haben. Faye gegenüber ist das Pony ganz fügsam, aber bei mir fängt es sofort zu bocken an. Es wird einiges an Geduld und Arbeit nötig sein, bis daraus ein zivilisiertes Reitpony wird.

Dodge City, Kansas, Juni 1873 (15. Brief)

Gestern kamen wir hier an. Eigentlich hatten wir vor, sofort wei-
terzufahren, aber das Dienstmädchen, das wir hier abholen sollten,
ist nicht erschienen. Wir sind wieder auf dem Weg nach Fort Lyon
und ich hoffe, dass das Mädchen aus dem Osten mir eine Hilfe sein
wird, wenn ich unser Haus einrichte. Beim Abschied von Camp
Supply tat es mir leid, eine ganze Reihe von Freunden zurückzulas-
sen. Vor allem die Familie Hunt, bei der wir die letzten Tage wohnen
durften, bis alles verpackt war. Am Abreisetag sagte uns jeder Auf
Wiedersehen – bis auf die Familie Phillips.

Auf unserer Reise wurden wir am Buffalo Creek lange Zeit durch
eine gewaltige Büffelherde aufgehalten. Hunderte dieser massigen
Tiere standen rechts und links der Straße. Statt zu grasen wechselten
sie ständig von einer Seite zur anderen. Faye vermutete, dass Büffeljäger diese Tiere zusammengetrieben hatten. Man sollte doch meinen, dass sie in ihrem gewaltigen Schädel etwas mehr Verstand hätten. Aber nein, diese blöden Viecher halten sich oft direkt an der
Straße oder an den Bahngleisen auf und bieten sich damit als präch-
tige Zielscheiben an. Leider gibt es genügend Menschen, die zum
Spaß auf sie schießen. Die Armee ist inzwischen angewiesen, diese
sinnlose Abschlachterei zu verhindern. Es macht mich traurig und
wütend, wenn ich höre, dass sich sogenannte Büffeljäger ganz einfach in den Zug setzen und vom Fenster aus jeden Büffel abknallen,
der sich sehen lässt. Vermutlich gibt es auf der gesamten Prärie bald
keinen einzigen Büffel mehr.

Wir waren kaum fünfzehn Meilen unterwegs, da erschien, als sei
er dem Erdboden entsprungen, ganz plötzlich ein Apache. Er hatte
sein Kriegsgewand an – also, so gut wie überhaupt nichts, außer einem Lendenschurz, Mokassins und einer scheußlichen Bemalung.
Er schien sein Pony sehr zu schätzen, denn es hatte ebenfalls ein
furchterregend bemaltes Gesicht. Dieser Wilde kam also urplötzlich
auf einem gelben Pony mit wallend roter Mähne auf uns zugeschos-
sen. Faye wusste natürlich sofort, dass es sich hier um einen Spion
handelte. Der Indianer schien bester Laune zu sein – ich vermute

mal, angesichts unserer Pferde und Mulis – fragte nach »Toback« und ritt eine ganze Weile neben uns her. Danach wusste er vermutlich alles, was man für einen Überfall zu wissen braucht. Schließlich verschwand er hinter einem Sandhügel und Faye wies unsere Eskorte an, die Gewehre für einen plötzlichen Angriff bereit zu halten. Es begegnete uns jedoch kein weiterer Indianer und das machte die Soldaten noch nervöser. Am Abend mussten wir unser Camp am Snake Creek aufbauen. Dort waren letzten Sommer zwei Postreiter erschossen worden. In dieser Nacht tat im Camp niemand ein Auge zu. Die Soldaten marschierten mit dem Gewehr in der Hand um die angepflockten Pferde und Mulis herum. Wenn man – so wie ich – furchtsam auf jeden Laut horcht, der von draußen kommt, dann glaubt man diese Mulis und Pferde seien ständig am Schnauben, Niesen oder Husten. Hal spürte vermutlich meine Angst und gebärdete sich völlig verrückt. Er knurrte, bellte und rannte alle zwei Minuten aus dem Zelt. Vermutlich gab es niemanden, der nicht erleichtert war, als wir noch vor Tagesanbruch weiterfuhren.

Raus aus dem Indianergebiet, rein nach Dodge City. Man könnte glauben, dass wir hier sicherer wären. Aber weit gefehlt! Der Hotelbesitzer warnte uns sofort, wir sollten Hal auf gar keinen Fall ohne Leine ausführen. Mit der Eisenbahn sei das übelste Halunkenpack nach Dodge City gekommen, erklärte er uns. Plötzliche Schusswechsel seien hier an der Tagesordnung. Solche Leute würden aber auch zum Spaß auf einen Hund schießen oder ihn entführen, um ein saftiges Lösegeld zu erpressen. Scheinbar lockt diese Stadt immer mehr Falschspieler, Pferdediebe und Desperados an. Inzwischen gibt es hier ein selbsternanntes Vigilanzkommitee, das jeden Desperado, nach kurzer Vorwarnung, einfach erschießt. Die haarsträubenden Geschichten, die der Hotelbesitzer uns erzählte, jagten mir ordentlich Angst ein. Vermutlich wären wir augenblicklich nach Fort Lyon weitergereist, hätte ich nicht auf dieses Dienstmädchen warten müssen. Du wirst es kaum glauben, aber in der Nacht hörten wir plötzlich Schüsse – und das auch noch direkt vor unserem Hotel. Zum Glück bekam es Hal mit der Angst zu tun und verkroch sich unter dem Bett. Ich hatte befürchtet, er würde ans Fenster rennen und laut bellen. Faye löschte sofort das Licht und wies mich an, mucksmäuschenstill zu sein. Ich kann dir gar nicht sagen, wie schrecklich sich das anfühlt, wenn man tatenlos mit anhören muss, wie draußen ein Mann um Hilfe ruft und auf jeden Hilferuf antwortet nur ein weiterer Kugelhagel. Nach fünf - scheinbar endlosen Minuten - hörten wir plötzlich die Rufe »Vigilante! Vigilante!« Faye wollte nach draußen, aber der Hotelbesitzer hielt ihn zum Glück davon ab. Das sei nicht Sache der Armee. Die Vigilante würden mit diesem mörderischen Pack schon aufräumen.

Fort Lyon, Colorado, Juni 1873

Das Dienstmädchen ist inzwischen hier eingetroffen. Aber stell Dir vor, die Haushaltshilfe, auf die ich so sehr gehofft hatte, ist ein totkrankes Mädchen. Tuberkulose im Endstadium, stellte der Arzt in Fort Lyon fest. Kaum hier angekommen, musste ich mich daher selbst um das Ausräumen unserer Kisten und das Einräumen des neuen Hauses kümmern. Gleichzeitig bin ich von früh bis spät als Krankenschwester für dieses Mädchen verantwortlich. Glaube ja nicht, dass sie mir dafür dankbar ist. Sie hat an allem und jedem etwas auszusetzen. Sie hätte gehofft, in diesem Klima wieder gesund zu werden, erzählte sie mir. Vermutlich hatte sich diese feine Dame vorgestellt, dass sie auf dem Rasen vor dem Haus in der Sonne sitzen kann, während ich die gesamte Hausarbeit übernehme und sie am Ende des Monats höflichst bitte, einen kleinen Scheck von dreißig Dollar anzunehmen. Meine Gutmütigkeit hat jetzt ein Ende! Dieses Mädchen muss schleunigst wieder aus dem Haus. Nach allem, was ich in den letzten Wochen mitmachen musste, steht es mit meiner Gesundheit auch nicht mehr zum Besten. So langsam sind meine Nerven so strapaziert, dass ich vor meinem eigenen Schatten erschrecke. Der Arzt hat mir dringend empfohlen, mich für ein paar Monate in der Zivilisation wieder zu erholen. Du wirst mich also bald zu Gesicht bekommen.

Fort Lyon, Oktober 1873 (16. Brief)

Wieder zurück in Fort Lyon. Der größte Teil meiner Rückreise in den Westen verlief wie erwartet: wenig erholsam, aber weitgehend ereignislos. Allerdings nur so lange, bis ich um zwei Uhr morgens in Granada aus dem Zug stieg. Das ist die Endstation der Eisenbahn, daher wollte Faye mich hier abholen. Am Bahnhof nahm mich jedoch ein gewisser Mr. Davis in Empfang. Er ordnete an, ich solle mich augenblicklich in den Ambulanzwagen setzen. Auf meine Fragen antwortete er nicht. Ich bin schließlich kein Soldat, dem man einfach einen Befehl erteilt, daher war ich ziemlich aufgebracht. Vor allem, da ich Faye am Ende der Plattform stehen sah. Vor ihm stand ein Soldat mit Gewehr, im Mondschein glitzerte ein Bajonett. Ich bin jetzt lange genug bei der Armee, um zu wissen, dass das Gefahr bedeutet. Sobald ich im Wagen saß, kam Faye eiligst dazu. Statt einer Begrüßung gab er mir die knappe Order: »Falls du einen Schuss hörst, wirf dich sofort auf den Boden.« Jetzt erst fiel mir auf, dass eine bewaffnete Eskorte den Ambulanzwagen begleitete. Mir klapperten die Zähne und das nicht etwa vor Kälte. Wie Du dir denken kannst, hatte ich mir unser Wiedersehen etwas anders vorgestellt. Leider war in diesem Moment die gesamte Erholung von drei Monaten schon wieder für die Katz.

Wir fuhren so schnell wie möglich aus dem Ort hinaus. Erst danach, draußen in der Prärie, erklärte mir Faye, was all die Aufregung bedeutete. Zu meinem Schrecken sah ich jetzt, dass er über dem rechten Auge einen Verband trug. Am Abend zuvor hatte ihn dort eine Kugel gestreift, als er sich zusammen mit Mr. Davis das kleine Städtchen ansah. Ein stadtbekannter Desperado, Pferdedieb und Mörder namens Oliver war aus einem Saloon herausgekommen. Diese Desperados brauchen keinen triftigen Grund, um auf jemanden zu schießen. Vielleicht hatte ihn die Uniform gereizt. Jedenfalls zog dieser Oliver seinen Revolver und schoss ohne jede Vorwarnung auf Faye. Der mutige Mr. Davis machte sich daraufhin schnellstens aus dem Staub. Zum Glück gab es in diesem Ort ein paar Leute, die sich sofort um Faye kümmerten. Trotz der Gefahr für ihr eigenes Leben, brachten sie ihn schnellstens zum nächsten Barbier. Während er dort notdürftig verarztet wurde, kam ein Mann herein und warnte Faye, dieser Oliver würde mit ein paar weiteren Halunken nur darauf warten, dass er sich wieder auf der Straße zeigte. Zum Glück für Faye hatten die Soldaten im nahen Camp den Schuss gehört. Ein paar von ihnen kamen augenblicklich angerannt. Sobald sie die Gefahr erkannten, stellten sie sich schützend vor ihren Leutnant. Schussbereite Infanteriegewehre in der Hand bestens gedrillter Soldaten – damit wollte sich das feige Pack dann doch lieber nicht anlegen. Eine lebende Zielscheibe für verrückt gewordene Desperados zu sein ist eigentlich schon schlimm genug. Aber Faye wusste natürlich, dass ich in wenigen Stunden aus dem Zug steigen würde. Während wir durch den Ort fuhren, hielt der Kutscher die vier Mulis noch zurück. Keine leichte Sache, denn es handelte sich mal wieder um die unternehmungslustigen *Rasierwedel*. Draußen in der Prärie ließ er sie dann nach Herzenslust rennen.

In Fort Lyon erfuhren wir, dass dieser Oliver erst vor kurzem aus dem maroden Gefängnis von Las Animas ausgebrochen war. Natürlich gibt es längst einen Steckbrief für ihn, aber kein Sheriff in der Umgebung hat den Mumm ihn festzunehmen. Faye zeigt dafür weitaus mehr Verständnis als ich, denn er meint, das sei für jeden Sheriff glatter Selbstmord. Eines ist sicher: ein Pferdedieb und seine mörderischen Freunde geben nicht so einfach auf. Vermutlich steht Faye jetzt ebenfalls auf ihrer Liste von Menschen, die sie ins Jenseits befördern wollen. Eigentlich bleibt mir nur noch die Hoffnung, dass irgendein Vigilanzkommitee diesem Irrsinn ein für alle Mal ein Ende bereitet.

Wie sehr hatte ich mich auf Fort Lyon gefreut! Leider spitzten sich in den nächsten zwei Tagen die Ereignisse derart zu, dass ich mich noch immer wundere, nicht im Irrenhaus gelandet zu sein. Von der langen Reise fühlte ich mich selbstverständlich noch recht müde. Dazu kam noch die schreckliche Angst um das Leben meines Mannes. Völlig erschöpft und mit den Nerven schon wieder am Ende legte ich mich sofort ins Bett. Ich hatte mir auf der Reise im Zug eine leichte Erkältung geholt, zu der sich jetzt starkes Fieber gesellte.

Während meiner Abwesenheit hatte Faye im Quartier der Jungge-sellen gewohnt. Natürlich war es ihm - typisch Mann - noch nicht einmal in den Sinn gekommen, einen Soldaten mit Hausputz zu be-auftragen. In der Nacht fegte dann auch noch ein Sandsturm durch. Du kannst Dir also vorstellen, in welcher Verfassung sich das ge-samte Haus präsentierte. Das wäre alles nicht so schlimm gewesen, hätte nicht irgendjemand meiner Schwiegermutter telegrafiert, ihr Sohn sei angeschossen worden. Offenkundig hatte sie sich darauf-hin sofort auf den Weg hierher gemacht. Während ich mich im Schlaf unruhig hin und her wälzte, glaubte ich ihre Stimme zu ver-nehmen. Ferrer öffnete die Haustür und da stand sie leibhaftig, im völlig verlotterten Haus ihres Sohnes. Für einen Augenblick erwog ich, mich aus dem Fenster zu stürzen.

Ziemlich benommen durch das viele Chinin, das mir der Arzt verordnet hatte, und die vielen schrecklichen Gedanken, die mir wie ein Bienenschwarm im Kopf herumschwirrten, quälte ich mich ins Wohnzimmer hinunter, um die Schwiegermama zu begrüßen. Ich versuchte, ihr die Umstände zu erklären. Sie behauptete, sie könne alles gut verstehen. Damit hatte ich das Schlimmste wohl hinter mir – dachte ich wenigstens. Weit gefehlt! Mrs. Roe erzählte uns, sie habe im Zug einen Colonel kennengelernt. Der hatte sie in seinem Ambulanzwagen mitgenommen und ihr damit die letzten Meilen in der alten Postkutsche erspart. Aus Dankbarkeit lud sie in schlicht und einfach für den Abend in das Haus ihres Sohnes zum Dinner ein. In diese Einladung schloss sie auch noch seinen Adjutanten mit ein, als der erwähnte, er sei ein Westpoint Kamerad meines Mannes. Faye erinnerte sich an ihn und meinte, es handle sich dabei um ein äußerst verwöhntes, reiches Bürschchen. Mir fuhr dagegen vor al-lem der Schreck in die Glieder, als ich den Namen des Colonels hörte. Er war überall als äußerst mäkeliger Dinnergast bekannt und hatte mit seiner laut geäußerten Essenskritik schon manche Gastge-berin in Verlegenheit gebracht. Den Delikatessenladen um die Ecke, den sucht man hier leider vergebens. Das Aufregendste, was unser Campladen zu bieten hat, sind Dosenmuscheln aus Baltimore. Auch habe ich mit Ferrar zwar einen willigen Koch, aber das Beste, was er fabriziert, sind Bohnen mit Speck. Ich musste also – brummender Schädel hin oder her - in der Küche selbst mit anpacken. Zum Glück fand sich noch die Ehefrau eines Soldaten bereit, das Haus in Windeseile auszufegen.

Manchmal macht man sich wirklich zu viele Sorgen. Das Dinner verlief nämlich überraschend gut. Fayes Kamerad stellte sich als freundlicher junger Mann heraus und der Küchentrupp (Ferrar und ich) bekam vom Colonel sogar ein gnädiges Lob für den Wachtelbraten. Dass der so gut gelingen konnte, lag vermutlich vor allem an den jungen Wachteln und weniger an unseren Kochkünsten. Mrs. Roe hat inzwischen selbst miterlebt, wie schnell so ein Sandsturm jegliche Hausarbeit zunichtemacht. Und das Allerbeste: Oliver sitzt sicher hinter Gittern!

Bildnachweis

Ambulanzwagen gezogen von 6 Mulis: The Supply Train, Wikimedia, Public Domain, commons.wikimedia.org/wiki/File:"The_Supply_Train.".jpg

Karte der Forts während der Indianerkriege 1865: Western Indian Wars, Wikipedia, Public Domain, en.wikipedia.org/wiki/File:Western_Indian_Wars.jpg

Frances A. Boyd: Public Domain, de.findagrave.com/memorial/81234240/frances-anne-boyd#view-photo=52475532, hinzugefügt von Charles R. Novak

Camp Halleck: Wikimedia, Public Domain, commons.wikimedia.org/wiki/File:CAMP_HALLECK,_NEVADA_-_NARA_-_524109.tif

Fort Stanton 1886, Public Domain, www.fortstanton.org/historic-photos-gallery/2019/1/13/fort-stanton-1886

Fort Union: 1865 von Benjamin Franklin Griffin, Public Domain, www.nps.gov/fous/learn/historyculture/western-art-at-fort-union.htm

Martha Summerhayes: Public Domain, de.findagrave.com/memorial/49361303/martha-whitney-summerhayes#view-photo=163275258, hinzugefügt von Michael Cavanaugh

Fort Russel: Fort Russel1888, Public Domain, http://www.wyomingtalesandtrails.com/russell.html

Raddampfer auf dem Colorado: Public Domain, Wikimedia, commons.wikimedia.org/wiki/File:View_showing_steamboat_"Cochan"_on_the_Colorado_River_near_Yuma,_Arizona._This_picture_was_taken_in_1900_by_Mr._L._C...._-_NARA_-_295304.tif

Fort Yuma: Public Domain, Wikimedia, commons.wikimedia.org/wiki/File:Fort_Yuma_California_1875.jpg

Fort Whipple: Public Domain, prescottazhistory.blog-spot.com/2018/03/

Frances Roe: Public Domain, 1909, www.arlingtoncemtery.net/fwroe.htm

Fort Lyon: Credit: Welcome Library, London, Welcome Images, Licence: Creative Commons Attribution 4.0 International license, commons.wikimedia.org/wiki/File: Page_from_book_-_birds_eye_view_of_Fort_Lyon,_Colorado_Wellcome_L0040876.jpg

Camp Supply 1869, Public Domain, Wikimedia, commons.wikimedia.org/wiki/File:Fsstockade.jpg

Bibliographie

Frances Anne Mullen Boyd, *Cavalry Life in Tent & Field*, J. Selvin Tait & Sons, New York 1894

Martha Summerhayes, *Vanished Arizona*, Salem Press, Salem 1911

Francis M.A. Roe, *Army Letters from an Officer's Wife*, D. Appleton and Company, New York 1909

Dee Brown, *Gentle Tamers*, Putnam, New York 1958

Dee Brown, *Pulverdampf war ihr Parfüm*, Hoffmann und Campe, Hamburg 1974

Dee Brown, *The American West*, Touchstone, New York 1995

Anne Bruner Eales, *Army Wives on the American Frontier*, Johnson Books, Boulder 1996

Katherine Gibson Fougera, *With Custer's Cavalry*, Caldwell Idaho 1882

Candy Moulton, *The Writer's Guide to Everyday Life in the Wild West*, Writers Digest Books 1999

Auf der Jagd nach Fisch und Fetisch

Die Reisen der Mary Kingsley in Westafrika

FAN WOMEN AND CHILD, BANKS OF THE OGOWAY

Im Jahr 1893 macht sich die 30 jährige Engländerin Mary Kingsley - nach damaligem Standard eine „alte Jungfer" – allein und gegen den Rat aller Bekannten und Freunde zu einer Studienreise ins „Grab des weißen Mannes" nach Westafrika auf. Sie reist zunächst mit einem klapprigen Kohlendampfer von Liverpool bis ins portugiesische Loanda und bricht anschließend in das Innere des dunklen Kontinents auf. Sie entdeckt unbekannte Fischarten und interessiert sich brennend für die Kultur und den Fetischglauben der Eingeborenen. Bei ihren Unternehmungen begegnet sie Missionaren, Buschhändlern und verschiedenen Eingeborenenstämmen. Sie trifft auf Leoparden, Nilpferde und Krokodile und streift mit Kannibalen durch den Urwald. Als erste Frau besteigt sie den Mt. Kamerun.

Dieses Buch erzählt von ihren beiden Reisen, benutzt dabei aber weitgehend ihre Worte und ihren Humor, ohne sich zu sehr in typisch viktorianisch ausschweifenden Beschreibungen zu verlieren.

Zeitfracht Medien GmbH
Ferdinand-Jühlke-Straße 7
99095 Erfurt, Deutschland
produktsicherheit@kolibri360.de